JN419536

우육인간

정인교

名金堂

차 례

미슐랭 식당 면접

30대 중반 무직 남성. 공대 출신. 공과대 수석도 했고 조기 졸업도 했고 대학원도 석사를 나왔다. 회사도 다녔고 대학원 연구실 생활도 했지만 영 행복하지 않아서 한 번 사는 인생 정해진 대로 살지 말고 모험 한번 해보자고 글을 쓰기 시작했다.

성공의 세계와 완전히 동떨어진 이세계에 떨어진 나는 이자카야인간, 맥주집인간, 족발집인간을 거쳐 우육인간의 세계로 떨어졌고 어느날 눈을 떠보니 옆머리가 하얘져 있었다. 이 이야기는 뒤숭숭한 6년을 살았지만 아무것도 되지 못했고 아무 결실도 얻지 못한 인간 '우육인간'에 관한 이야기이다.

생활비가 필요했던 나는 월~금 주5일 근무를 찾고 있었고 우육면관 광화문점에 딱 그런 자리가 있었다. 2년 연속 미슐랭 빕구르망 선정 식당? 얼마나 바쁠지? 지원 다음

날, 우육면관에서 면접을 오라는 연락이 왔다. 내가 가진 긴 경력 때문에 연락`을 준 듯 싶었다. 나는 그쪽에서 보내 준 주소로 갔다.

'관장'이라 부르라는 사장님은 호수빌딩(종로 신라스테이 옆 버거킹 건물) 꼭대기층 사무실에서 후줄근한 패딩에 한자로 써진 **'牛肉面館'** 모자를 아무렇게나 눌러쓴 게, 편안해 보였다고 해야 하나? 사무실에는 관장님 말고도 여자 두 분과 남자 한 분이 계셨다. 나는 관장님과 긴 테이블에 앉아 업무를 보시는 그분들 옆에서 면접을 진행했다. 벽에 걸린 화이트보드에는 사업확장을 기획하고 있는 듯한 서술과 숫자가 칠판 가득 채우고 있었다.

"하나씩 짚어가면서 볼까요? 위워크에서는 어떤 일을 하셨죠?" 관장님은 내 이력서를 보며 이야기했다.

나의 아르바이트 경력을(7년 8개월) 간단히 설명드렸고, 관장님은 풀타임 근무일 때의 생활이 어땠냐고 물었다. 생활하는 데는 전혀 문제가 없었다. 돈을 버는 것도 좋았다. 다만 글을 쓰지 못하는 데서 오는 원치 않는 환멸감과 아주 약간의 환청 증세, 무엇보다 머릿속을 들끓는 끊임없는 작은 생각들에 불편함이 있었다.

"생활에는 문제없었습니다. 몸이 힘들거나 그렇지도 않았고요. 제가 그래서 종일 근무와 함께 글쓰기를 병행해보려고 했는데… 뭐, 그런 시간이었습니다. 되지 않았죠. 하하!"

관장님은 홀서비스팀의 직급과 급여에 대해 초록색 볼펜으로 꼼꼼히 그림을 그리면서 설명해줬다. 나는 필체에 사람의 마음이 발현된다고 믿는데, 바탕체를 쓰는 관장님의 손은 꼼꼼하고 체계적이며 진중하다는 인상을 받았다. 그리고 면접 시 이렇게 면밀히 보여주기 위해 여러 번 회사 시스템을 복기시키면서 연습한 결과, 그것을 단단히 알고 있다는 인상도 받았다.

관장님이 말했다.

"저희가 보는 건 딱 두 가지에요. 핏(fit)과 지속가능성입니다. 핏은 저희 팀과 얼마나 맞는 지입니다. 홀서비스라는 게 결국 손님들에게 친절하게 하고 서로 존중하면서 일하고 하는 것인데, 솔직히 그 핏에 대해서는 인교님은 더 볼 것도 없을 것 같습니다."

"네?? 아하! 하하, 감삽다~"

"지속가능성은 저희와 얼마나 성장할 수 있느냐죠. 단기로 짧게 일할 친구들은 애초에 시작을 안 하려 합니다."

"실업급여를 포기한 이상 최소 1년은 생각하고 있습니다."

나는 한 달을 놀았지만 몸이 근질거려 실업급여 두 달 하고도 삼 주치를 포기하고 면접을 보러온 것이었다. 그러면 1년을 근속해야 실업급여치의 반 만큼을 받을 수 있어서 나는 최소 1년은 일할 생각이었다. 수월히든, 깡으로든, 악으로든. 관장님은 재차 내심을 비쳤다. 계속 성장해서 이 회사에서 8시간 혹은 그 이상의 근무가 가능할지. 나도 그런 생각을 지난 1년 내내 해왔다. 그리고 실제 그것을 실현하고자 줄곧 노력했다. 글쓰기를 중단할 수 있으면 정말 그러고 싶었다. 글쓰기를 중단하고도 잘 살 수 있으면.

"저도 가능하면 그러고 싶습니다! 예, 된다면요. 저도 이 회사에 잘 맞춰서 갈 수 있으면 좋겠습니다."

"예. 이해했습니다. 뭐, 더 볼 것도 없고 당장 계약을 하기로 하죠. 추가 면접도 진행하지 않겠습니다. 언제부터 근무가 가능하신가요?"

"다음 주 월요일부터 나오겠습니다!"

"딱 좋습니다. 네, 그럼 제가 편하게 카톡으로 출근 시 준비할 것 등을 정리해서 보내드릴게요."

"예, 감사합니다."

면접이 끝나고 서대문 스시쿠니로 갔다. 가는 길, 일하는 게 귀찮고 힘들겠다는 생각이 들었다. 이놈의 생각, 생각, 생각. 무슨 일이든 시작하기로 하면 이런 생각들이 반동했다. 몇 번을 해도 그런 건 없어지지 않았다. 방아쇠를 당겼다는 거겠지? 일하기 전 사람들은 어떨지, 7시간을 휴게 없이 일하는 건 얼마나 힘들지, 그런 근심이 앞서다가(어떤 일이든 죽으라고 하는 법은 없는 걸 알면서도) 맛있는 초밥을 먹고 기운을 냈다. 처음으로 스시쿠니에 보답도 했다! 그간 잘 챙겨주셔서 감사하다는 의미로 화이트 와인 한 병을 사다 드렸다.

"끝나고 한 모금씩 하시라고요! 항상 잘 챙겨주셔서 감사합니다!"

지혜에게 줄 초밥도 포장해서 퇴근 타임의 만원 버스를 타고 집으로 갔다. 지혜도 초밥을 맛있게 먹었다. 출근이 정해졌다. 무언가 일이 벌어지고 있었다.

첫 출근

우육면관 광화문점으로 첫 출근을 하는 날 지혜 어머니께서 해주신 소고기뭇국을 든든하게 먹고 출발했다. 버스에서 긴장감과 졸음이 동시에 찾아왔는데 졸음은 최상의 컨디션으로 시작하고 싶다는 몸의 발로 같았다. 그 몇 분에서 십몇 분을 더 쉰다고 엄청 나아질 건 없었으나, 몸은 그렇게 조금 위축 됐다. 출근 전 준비물과 간단한 안내를 카톡으로 보내주신다던 관장님은 연락이 없었고 아마 날 잊고 계신가 보다 했다. 아무렴 어떠랴.

나는 10분 일찍 매장에 도착했다. 문을 열고 가게로 들어갔다. 이것이 우육면관의 처음 입장이었다. 1층 카운터 석에는 한 남자분이 앉아 계셨다. 브레이크 타임에 매장문을 당차게 열고 들어온 사람에 그분은 깜짝 놀라는 눈치였다. 다짜고짜 말했다.

"오늘부터 일하기로 한 사람입니다. 안녕하세요!"

"아, 네네. 정인교님 맞으시죠?" 다행히도 내 이름을 알고 계셨다. 처음 뵙는 분인데.

"네! 정인교입니다! 잘 부탁드립니다!"

"좀 앉아 계세요. 팀장님 불러드릴게요."

공손하고 부드러운 태도의 남자분이 전화를 걸었다.

"팀장님, 정인교님 오셨습니다."

"정인교님? ○○님, 혹시 정인교님이라고 아세요?"

수화기 너머로 이야기가 들렸다.

"정인교…… 님이요?……"

그보다 멀리에 관장님.

"아! 그분, 그분!"

팀장님은 자초지종을 듣고 매장으로 지금 가겠다고 했다. 나는 의자에 앉아 기다렸고 얼마 후 팀장님이 오셨다. 팀장님은 오늘 새로운 사람이 들어오는지도 몰랐다고 했다.

"저도 지금 막 들어가지고…… 어찌 됐든, 안녕하세요! 우선 제 소개를 하면 저는 우육면관 1, 2호점의 홀서비스 팀장을 맡고 있는 강 팀장입니다."

씩씩하고 정확한 발음에 발성의 피치는 높았고 남자다운 에너지가 느껴지는 목소리였다.

"안녕하세요! 정인교입니다. 잘 부탁드립니다."

나는 팀장님께 간단히 업무 소개를 받고 즉시 투입이 됐다. 내가 맡은 역할은 2층 업무. 1층에서는 주로 면 식사를 받고, 배달과 고객을 관리했으며(ㄷ자 형태의 카운터에서 손님을 혼자 관리하는 일본의 그것과 같았다. 요시노야, 마츠야 등 일본 규동 프랜차이즈에서 볼 수 있는 모습. 손님이 주문하고 앉으면 서빙과 퇴식을 했다. 다른 게 있다면 여기는 포스기를 이용한다는 점이었다), 2층은 우육샤 귀 즉, 우육전골이 주가 되는 술상을 받았다.

일단 2층으로 올라갔다. 이 건물은 지혜가 말해주길 설렁탕집이 있던 가게라고 했다. ("거기! 옛날 설렁탕집이 있던 데야." 지혜는 이 근처에서 회사를 다녀 이 주변을 잘 알았다.) 2층으로 올라가는 계단은 1인만 다닐 수 있는 정도의 좁고 가파른 계단인 게 건물의 연식이 느껴졌다. 일은 '여기서부터 시작! 땡, 출발입니다!' 하는 것 없이 밤의 어둠 속으로 잡아먹히는 사람처럼 그렇게 업무 속으로 잡아먹혔다. 나는 그때부터 이곳의 일원이었다.

서원님은 일한 지 두 달이 되었다고 했다. 서원님은 3구 종지에 소스를 소분하고 있었고, 내게 바트에 담긴 고수장을 종지에 더는 일을 주었다(바트; 뚜껑에 홈이 있어 쌓기 용이한 주방용 사각 통).

"고수장은 드시는 분만 드시니까 바닥만 자박하게 깔아

주면 되세요."

스푼으로 퍼 담는 것이었는데 고수장은 걸쭉하고 점도도 있어서 옮기면서 떨어질 불상사는 없었다. 이 정도쯤이야. 얼마가 지나자 누군가의 휴대폰에서 알람이 울렸고 어둠 속에서(2층 실내는 깜깜하게 모든 전등이 소등돼 있었다) 검은 형상들이 하나둘씩 일어났다. 주방 식구들이었다.

"안녕하세요!" 부스스하게 일어선 검은 사람들과 눈을 마주칠 때마다 먼저 인사를 건넸다. 일단 처음 왔으니 인사라도 잘하자는 생각이었다. 다들 남자였고 대부분 나보다 어려 보였다.

처음 나는 맞아준 그 1층의 남자분 성함은 재원님이었다. 나는 테이블 번호부터 메뉴와 술 위치까지 그분께 일일이 교육받았다. 앞서 2주 전에 크리스탈 제이드에서 단기로 일하면서 있었던 교육의 시간이 그대로 있었다. 다만 여기는 공간과 기물이 다를 뿐이었다.

"이건 여기고, 저건 저기고……."

여기는 거기보다 메뉴도 적고 업장도 작았다. 기존의 직원들이 어떻게 하는지 눈으로 익히면서 물건들의 위치와 여기만의 기물 사용법을 배우는 일은 앞서 크리스탈 제이드에서 한 것이 예방접종 같은 것이 되어서 처음 하는 일치고 힘들거나 어렵지 않았다.

나는 영업 서비스를 하면서 계속 일을 배웠다.

유일하게 어려웠던 점은 우육전골이 나간 뒤 식사법을 설명하는 부분이었는데 나에게 그것은 "전골이 끓으면 채소에서 채수가 나올건데요······." 솰뢀라 솰뢀라 유창하게 아랍어를 하는 것처럼 들렸다.

먹어본 적도 없고 용어도 몰랐는데(샤궈? 푸주?) 못 알아듣는 건 당연했다. 몇 번을 들어도 좀처럼 익숙해지지 않았고(나는 초짜이니 손님들이 들으시는 것을 저도 옆에서 듣겠습니다, 하고 재원님과 서원님을 따라다니며 옆에서 하는 것을 들었다) 어느새인가 '설명할 차례가 왔군.' 하고 내용은 듣지 않고 듣는 시늉만 내는 나를 발견할 수 있었다.

처음이란 면죄부가 언제까지 적용될 수 있을지? 나는 낯선 어항에 들어온 금붕어처럼 새로운 환경에 들어간 물고기의 스트레스를 받고 있었다. 지금이 몇시 쯤이며 여기는 어디이고 얼마나 됐는지 정신이 없었다. 그런 와중에 서원님이 대뜸 물었다.

"저희 메뉴 중에 드시고 싶으신 거 있으세요?"

"네?" 갑자기 음식 취향을 묻는다고? "네······ 음······ 저는······"

내가 뭘 좋아할까? 어향가지? 아니, 생각해 본 적이 없는데. 나는 오늘 처음 와서 따라가기 바쁜데.

"식사하셔야죠, 식사. 식사하고 싶은 거 있어요?"

"식사라뇨? 여기 밥도 주나요? 게다가 메뉴 나가는 걸로?"

중간에 식사를 하는지도 몰랐고 그것도 메뉴에서 고른다고? 그냥 주방에서 주는 걸 아무거나 먹는 것 아닌가? 뭐든 마다하지 않고 잘 먹는 나로서는 정식 메뉴를 먹는 것이 부담됐다. 근무 중에 먹는 밥이라면 밥과 국만 있으면 되는데! 그렇다면 가장 쉬운 걸 골라야겠다.

"수교(물만두)로 하겠습니다."

"수교요? 수교만 먹는다고요? 아뇨, 다른 거 식사 되는 걸 고르세요!"

"그, 그럼 우육면 먹겠습니다. 이곳은 우육면관이니까 우육면 먹겠습니다."

"그럼 수교랑 우육탕면 둘 다 준비해달라고 할게요. 우육탕면은 특으로!"

"특이요? 다 못 먹을 거 같은데 그냥 보통으로 주세요."

"특으로 드셔봐야 되세요. 특이 맛있어요." 재원님이 거들었다.

그렇게 우육면 특과 수교를 받았다.

"천천히 드세요~"

천천히 먹으라고 해서 천천히 먹으면 안 된다는 것쯤은 짬밥으로 알고 있지. 그렇다고 허겁지겁 해치울 정도로 초짜도 아니야! "네옙!"

우육면 국물을 한 숟갈 뜨고 놀란 것은 일관성이었다. 지난여름 청계천점에서 한 번 먹어본 적이 있었는데, 지점도 다르고 계절도 달랐으나 맛은 거의 일치했다. 보약같이 진한 육수에 살짝 간이 된 기름. 우육탕면 특에서는 소고기가 양지, 업진살, 아롱사태 세 종이 올라갔다.

"오이소채랑 같이 드셔보세요. 이거랑 먹어야 진짜 맛있어요."

재원님이 오이소채를 갖다 줬는데 이것과 우육면의 조화가 정말이지 훌륭했다. 무겁고 진한 우육면에 새콤달콤하면서 겨자 향이 향긋한 오이소채를 곁들이니 입을 헹구는 조화가 좋았다. 수교는 돼지고기 베이스에 새우가 들어간 물만두였다. 수교를 마늘간장에 찍어 먹으니 손 만두의 탱글함이 살아있었고 한국식 물만두와 다른 점은 만두피가 도톰하다는 것이다.

식사를 하고 차차 마감을 했다. "바트에 가져온 양념장들을 1층으로 먼저 내리고요…… 바트 사이즈는 아세요? 풀, 하프, 써드, 식스, 나인……." 8시에 면 마감을 하면 해야할 것, 9시에 라스트 오더를 받으면 해야할 것, 대충 손님이 거의 다 나가면 해야할 것 등등 여기서의 홀 마감법을 배웠다. 그렇게 첫 날이 끝났다. 말이 필요할까? 일은 그냥 이런 거다. 공간과 시간에 맞는 앱을 제 때에 제 곳에 정확히 실행하면 되는 것이다.

광화문 포시즌스 앞에서 7019 버스를 타고 집으로 가는 날이 다시 올 줄이야. 위워크 종로타워에서 일하면서 이렇게 1년을 다녔다. 우육면관에 출근하면서 다시 같은 출퇴근을 하게 됐다.

우육면관의 첫인상은 고민한 흔적이 많다는 것이다. 왜? 인지 묻고 대응한 것이 곳곳에 보였으며(우육탕면은 한국 사람에게는 낯선데 어떻게 접근성을 높일 수 있을까? 설명서를 만들자!), 메뉴판도 안일하게 허투루 만들지 않고 스티커 하나도 그렇다는 인상을 받았다(어떻게 하면 더 전문적으로 보일 수 있을까?).

아, 그렇다면 다리가 부러졌다고 하고 내일부터 나오지 말까? 왜냐면 그만큼 신경 쓸 것이 많을 테니까?

버스에서 내려 집으로 가는 길, 이마트24에 들러 행사 와인 한 병을 사고 싶었다. 그러나 편의점은 닫혀 있었다. 실망한 마음으로 씨유에 가서 장수 막걸리를 사 왔다. 운 좋게도 갓 만든 오늘 자 장수 막걸리였다.

"다녀왔습니다—!" 나는 씩씩하게 인사를 했고 반가운 얼굴의 지혜가 반겨줬다. 지혜는 이미 잘 채비를 마친 상태였다. 11시 퇴근이 이렇게 늦는구나.

"고생하셨습니다!" 지혜는 살짝 슙과 슘의 중간으로 발음하는 버릇이 있었다. 씩씩하게 인사를 받아주는 지혜. 그러면 나도 안정된 공간에 왔다는 안도감이 든다. 씻고 막걸리를 마시며 휴식을 취했다. 과연 잘한 일인가? 실업급여를 8일만 받고 일을 다시 시작한 게 잘한 일인가. 다니지 않는 것보다 다니는 게 더 나은 일인가. 그런 잡생각이 들었고 나는 그 생각을 지우려 유튜브를 켰다.

지혜에게 이따금 조잘거리며 첫날이 어땠고 사람들이 어땠는지 얘기하다가 말을 뚝 끊고 다시 유튜브로 돌아가곤 했다. 영상은 무엇을 봤는지 기억이 나지 않는다. 나는 그저 기계적으로 유튜브를 틀고 눈을 뺏기는 데 중점을 뒀다. 지혜는 자기 방으로 돌아가 잔다고 했고 나도 조금 후에 잠을 청했다.

그러나 출근한 첫날 나는 잠을 자지 못한다. 새로 습득한 내용들이("이건 이렇게 해야 하고, 저건 저렇게 해야 하고.") 밤새 머릿속에서 보따리를 푸느라 불이 꺼질 새가 없었다. 나는 눈을 감고도 눈을 뜬 채로(눈을 감아도 업장이 보였으므로) 그렇게 긴 밤을 보냈다…….

일주일 완주

이튿날, 오늘은 강 팀장님이 나오지 않았고 매니저란 분이 1층을 맡았다. 웬걸, 처음 보는 매니저님 또한 아주 보기 드문 씩씩함의 소유자였다. 성량이 어찌나 크던지 보통 사람이 바리톤을 흉내 내는 정도가 보통 말이었다.

"안녕하십니까! 우육면관 2호점 매니저 권대엽이라고 합니다!"

육군 장교처럼 확실하고 강단 있는 목소리에 키는 얼마나 큰지 나보다 머리 한 개는 더 있었다. 다행히 두 개는 아니었다. 셰프님도 계셨는데, 셰프님 또한 확실하고 단단한 발성. 이 집 사람들은 다 이런가? 이런 사람들만 모아 놓은 건가? 이게 관장님이 말한 핏인가…? 참신한 기운으로 똘똘 뭉친 사람들이었다. 흐느적거리고 닝기적거리는 것과는 다들 거리가 멀었다! 왠지 나도 느낌표로만 말해야 할 것 같았다!

이튿날에는 우육샤귀를 나가면서 설명도 직접 해보았다. 먹어본 적도 없고 무슨 맛인지도 모르며 안에 뭐가 들었는지도 모르면서 어떻게 먹는지 매뉴얼을 보고 설명하는 것은 곤욕이라면 곤욕이었다. 홀서빙의 첫 번째 난관은 이것이다. 모르는 걸 설명해야 하는 것.

"이건 뭐에요?"

저도 모릅니다.

"어떤 메뉴를 추천하시죠?"

저도 먹어본 적이 없습니다.

"잘 나가는 메뉴가 뭐에요?"

오늘이 이틀째여서요.

등등, 아무런 정보 없이 정보전달을 해야하고(?) 안내를 해줘야 한다. 매뉴얼을 외워봤자 본인 스스로 이해하지 못하고 있기에 듣는 사람도 그것을 안다. 아, 이 친구가 지금 외운 것을 읊는구나. 그럴 때는 최대한 솔직하게 "처음이라서 물어보고 알려드리겠습니다." 정도가 최선이다. 나는 우육샤귀를 서빙하고 먹는 법을 설명했다.

"아! 예! 그러니까…… 그럼 시작해보겠습니다!"

원투, 원투, 설명 시작! 이 아니라 나는 공중에서 매뉴얼을 떠올리며 순서대로 읊기 시작했다.

"전골이 끓으면 채소에서 물이 나올 거에요(얼마나 나

오는거지?). 그러면서 육수가 많아지고(그래 당연히 많아지겠지), 채소 숨이 죽기 시작하는데 식사는 채소 숨이 완전히 죽으면 그때부터 하시면 되시고요. 어, 그리고, (뭐더라?) 아! 식사는 채소랑 고기 먼저 하시고요. 청경채는 숨이 좀 더 죽으면 그때 드시면 됩니다!"

나도 내가 무슨 말을 하는지 몰랐고, 손님들도 제대로 내용을 전달받은 것인지 확신이 서지 않았다. 실제로 손님들도 그런 눈치였다. 죄송합니다! 오늘 운이 좋지 않으시네요! 잘못 걸리셨어요. 죄송합니다! 그래도 나는 물러나지 않았다. 연습을 해보겠다며 전골이 나오면 무조건 들고 갔다. 운수 나쁜 분들이 늘었다! 하지만 나는 손님들의 비운을 기회 삼아 전골 설명을 조금씩 입에 붙여 갔다.

조금씩 내 것이 됐다.

해보면서 매뉴얼이 이해됐고 내 식대로 설명을 쉽게 바꿨다. 그래도 어버버하고 중간에 무슨 말을 해야 하는지 잊을 때가 있었고(이 다음에 얘기할 게 뭐였더라?), 그래서 갑자기 설명을 한답시고 정지한 인간을 보고 손님들도 당황했으며 나도 당황했다.

어떨 때는 아예 처음부터 벙어리처럼 서 있기만 했다. 설명해주신다면서요? 주변에 물음표를 만드는 게 내 일이었다. 그래도 천천히 독립해 나갔다. 서원님과 재원님의

25

도움 없이 1인분을 하기 시작했고 어느덧 두 번째 날의 밥시간이 됐다. 서원님이 물었다.

"오늘은 샤귀 먹어볼래요?"

그것을 먹을 수 있는 건가? 하는 생각부터 들었다. 직원식이라면 그런 파는 음식이나 비싼 재료가 들어가는 음식이 아니라 그냥 남는 것을 때려넣어 만들어 먹는 게 아닌가? 나는 양심의 저항이 먼저 있었다.

"전골이요?"

"잘 안 해주는데, 드셔보셔야 또 설명도 하는 거고 하니까. 제가 한 번 말해볼게요."

나의 노예근성으로는 일하면서 제대로 된 식사를 하는 게 누군가에게 무례를 범하는 일로 생각됐다. 일하러 왔으면 개같이 일하고 개처럼 먹어야 한다는 게 근성의 성격이었다. 어쨌든 차려준 것은 안 먹을 순 없지. 주방에서는 대형 팬 가득 샤귀를 끓여 올려줬다. 고기가 가득 채소도 가득. 육수부터 한술 떠봤다. 나의 미각으로는 우육탕면의 육수와 큰 차이가 있지는 않았다. 샤귀 쪽이 좀 더 칼칼하고 간이 된 느낌에 채즙으로 조금 더 시원한 정도랄까. 서원님, 재원님, 나, 우리 셋은 둘러앉아 전골을 먹었고

"샤귀는 못 참지." 재원님.

"진짜 맛있다!" 서원님.

내가 구별하지 못하는 차이를 이들은 잘 느끼나보다 싶었다.

나는 계단 쪽을 보고 식사를 하고 있었는데 다른 분들은 벽을 보고 있었다. 그러니까 홀은 나만 보였다. 어제는 한 명씩 돌아가면서 식사를 한다고 했는데("식사는 한 명씩 돌아가면서 해요.") 이렇게 다 같이 먹어도 되나? 심지어 2층에는 김 관장님(면접을 진행한 홍 관장님 말고 아직은 모르는 김 관장님)이 지인들과 함께 테이블에 앉아 계셨다.

서원님이 말했다. "관장님이 좀 봐주시지!"

샤귀는 주방에서 다 끓여서 올라왔고 지금 먹지 않으면 누군가는 다 식은 전골을 먹어야 했기에 이렇게 먹는 게 이해는 갔다. 하지만 나는 식은 것도 괜찮았고 기다렸다 먹을 만큼 참을 수 있었지만 동료분들의 호의를 또 거절할 수는 없는 노릇이었다.

어쨌든 홀은 나만 보였고 계단에서 올라오는 사람, 내려가는 사람, 무엇을 찾는 사람, 돌아다니는 사람, 헤매는 사람, 직원을 찾는 사람도 나만 보였다. 아니나 다를까 내가 밥을 푸려고 일어나니(셀프바에 있었다) 손님 한 분이 진로 한 병을 시켰다. 설상가상 매니저님이 올라와 우리 셋이 식사하는 걸 보고 갔다. 으흠, 나만 봤단 말이지.

나는 좀 불편했지만 이래도 되는지 아닌지 아무것도 몰

라요. 나는 이틀 차 막내였다. 결국 나중에 말이 나왔다. "왜 셋이 다같이 밥을 먹냐"는 것이었다. 음, 그렇지, 나도 그렇게 생각해. 서원님은 매니저님에게 한 소리 듣고 오면서 "좀 셋이 먹으면 안 돼? 전골이잖아!" 불만을 토로했다. (다음날은 매니저님이 올라와서 다 같이 식사할 수 있도록 2층을 봐줬다.)

이틀째 일하고 와서는 편안했다. 오전에 어제 사지 못한 행사 와인을 미리 사둬서 집에 와서 그것을 따 마셨다. 내 입맛에는 별로였다. 맛과 향 모두 약하고 순했다. 13.5도의 도수인데, 한 9도로 느껴지는 순함이었다. 화이트 와인에 기대하는 산미도 그다지 높지 않아서 음료수처럼 후루룩 마셨다.

이틀째 밤에는 잠을 잘 잤다. 보따리를 다 푼 것인지 눈을 감아도 매장이 보이지 않았다. 수요일 아침에는 긴장이 풀려서 피로감이 느껴졌고 벌써 한 주의 5부 능선을 넘고 있었다. 7시간 근무를 해보니 글을 좀 쓰고 딱 출근을 하는 게 어딘가 위워크에서의 1시 출근과 6시 출근 사이에 있는 것 같았다. (실제로 그렇단다 인교야.)

사람 욕심이 한 시간만 더 있으면 하기도, 아예 일을 안 했으면 하기도, 실업급여나 탈 걸 그랬다 하기도 했지만 빈둥거리고 안일하게 있는 게 싫어서 한 거 아닌가? 몸이 근질거려서 시작한 거 아닌가? 돈을 벌자고 시작한 거 아닌가? 더 노는 게 아무 의미도 없어서 시작한 거 아닌가? 사람이 두 상태에 한 번에 있을 수 있으면 좋으련만(백수와 일하는 사람으로) 단점을 상쇄시키기 위해 취한 조치가 단점을 상쇄하면서 어떤 것에 대한 이득이었는지 모르게 되는 현상 때문에 좀처럼 만족을 하기가 쉽지 않다. 이득을 얻고 난 후에는 그 이득이 절실히 느껴지지 않는 것이다.

하여튼 무난히 적응하고 있었다. 지루하지 않아서 좋았고 계속 할 것이 있어서 시간이 금방 가니 좋았다. 목요일에는 완전히 적응을 해서 영업준비부터 마감까지 혼자 할 수 있는 수준이 됐다. 마지막 날은 '벌써 금요일?'이었고 전혀 긴장이 되지 않는다는 점에서 첫날과 확연히 달랐다. 그런데 긴장감이 너무 없어서 오히려 불안한 마음도 있었다. 긴장감이 잘하게 하는 부분도 있기 때문에.

그 바쁜 수원 인계동의 맥주집에서 2년간 일하며 배운 것은 불상사는 긴장이 없는 날 생긴다는 점이다. 오늘 편안하다 싶으면 꼭 일이 터졌다. 하지 말아도 될 실수를 하거나, 뭘 엎지르거나, 깨 먹거나, 주문을 틀리거나 하는 날은 그런 날이었다. 하지만 다행히 별 탈 없이 한 주를 지내고 나는 5일 치 일당을 벌었다.

3주 만에 매니저요?

우육면관에서 일을 시작한 지 3주 차에 관장님은 '매니저' 얘기를 꺼냈다. "고량주관이라는 세 번째 가게를 준비하고 있는데…… 철거는 이제 다 끝났고 2, 3월쯤 오픈 예정입니다…… 그러면 1호점, 2호점, 고량주관 해서 가게가 총 세 개가 되니 산술적으로는 매니저 자리가 칠, 삼, 이십일, 총 스물한 개의 슬롯이 생기죠…… 그러면 서너 명의 매니저가 필요하겠죠? 일한 지 3주밖에 안 되셨지만 저희는 인교님을 매니저 자리로 생각하고 있습니다. 또 인교님과 의사를 조율해 봐야겠지만요."

그러니까 나에게 추후 매니저 제안을 할 것이란 거였다. 일이야 하면 그만이다. 그동안 더 힘든 일도 하지 않았던가? (테이블 50석! 야외 테라스 24명 단체 입장이요! 네, 그것이 테이블 하나입니다!) 그건 괜찮았다. 다만 "그러면 근무 시간이 7시간에서 최소 1시간은 늘어 8시간은 돼야 할 것이고… 거기에 아무래도 브레이크 타임이 붙으면 좀 더 늘겠죠? 인교님이 글을 쓴다는 걸 알고 있으니까 저희도 어떻게 하면 근무를 최소한으로 하면서 같이 갈 수 있을지 고민하고 있습니다."

두려운 건 풀타임 근무로 내 시간을 갖지 못하는 것이었다. 이대로 글쓰기를 중단하면 나는 뭐가 되는가? 완전히 실패한 소설을 본보기로 나는 나의 재능 없음을 순순히 받아들여야 하는 것일까…?

영업 시작 전 서원님은 밥을 먹지 않았다고 했고

"식사하셔야죠! 식사 안 하시면 힘을 못 써요!"

그날은 최고로 바쁜 날이었다. 영업 준비를 하면서 관장님이 한 이야기와 또 그 제안을 받아들이면 나는 무엇이 되는가 하는 조금 감상적인 마음은 오픈을 하고 몰려드는 손님과, 할 일과, 더위와, 땀으로 완전히 잊혔다. 그 마음이 다시 고개를 든 건 퇴근 후 버스를 타고 집으로 돌아가는 길에서였다. 나는 우육면관 송년회 '진중인의 밤'도 마다하고 "죄송합니다. 제가 아침에 하는 일이 있어서요……." 집으로 가는 중이었다. 나는 무엇인가? 나의 글은 거절만 당하고 빛을 보지 못하면 그러면 지난 세월은 다 무엇이었던가? 열심히 살았던 날들이 떠올랐다…….

다음 날 아침 날씨가 조금 풀렸고 영하 1도여서 달리기를 나갔다. 달리면서 어제의 질문을 이어갔는데 역시나 글쓰기는 신을 자신의 것으로 만드는 과정이어서 글은 계속돼야 할 업무였고 다만 두 시간 내로 작업을 끝내고 우육면관 종일 근무와 병행됐으면 좋겠다는 마음을 가졌다.

정말 그러면 좋겠다.

에이스 퇴장하십니다!

오늘은 재원님의 마지막 근무였다. 연말이라 바빴던 올해의 마지막 달 30, 31일이 목요일, 금요일이어서 그때까지할 줄 알았는데 예정대로 오늘 수요일(29일)까지 한다고했다. 평소와 다름없는 근무였고 처음 일을 시작할 때 "지금부터 시작입니다!"가 없듯이 끝에도 "오늘이 그분의 마지막 날입니다!" 감지되는 지점 같은 건 없었다. 연말 모임으로 만석으로 시작해서 서원님께 물었다.

"서원님, 오늘은 식사하시고 나왔죠?"

1층에서도 전골 손님들이 주가 되는 날이었고(1층에 전골 손님이 많을수록 할 일도 많아졌다), 바쁘면 바쁜 만큼보통에는 시간도 빨리 가는데 이상하게 그렇지도 않은 날이었다. 게다가 전날 진중인의 밤 회식으로 모두 피곤한기색이 역력했다.

"두시 반까지 마신 사람들이 있고, 네시 반까지 마신 사

람들도 있습니다. 저는 택시 타고 두 시 반에 나왔어요!" 매니저님이 그랬다고 했고

"두 시 반에는 벌써 기억이 없었고 눈떠보니 집이던데 요?" 서원님의 말이었다.

주방 인원들도 다들 몸이 무거워 보였다.

쌩쌩한 내가 좀 더 움직여야겠다고 바삐 1, 2층을 오가 다 보니 어느새 손님들이 하나둘씩 빠지기 시작했다. 영업 이 거의 끝나갈 때쯤 우육면관 청계천점 직원들이 아이스 크림 케이크를 들고 왔다. 재원님이 간다고 사 온 것이었 다. 그만큼 사람들에게 잘하고 인기 많은 재원님이었다. 퇴근하시던 주방 분이 내게 그랬다.

"재원님 참 좋은 분이에요. 친해지면 재밌는 또 그런 분 이고요."

"간다고 하니 서운하네요. 계속 같이하면 좋을 텐데요, 그죠? 일도 잘하시고요."

"이제 인교님이 그 역할을 하셔야…."

"제가요? 제가 할 수 있을까요? 하하하!"

온화하고 부드러운 성품에 재원님은 가까이 가면 송진 을 잘 바른 바이올린이 잔잔하게 흐르는 인상을 받았다. 재밌거나 웃긴 일이 있으면 "푸하하!" 거침없이 웃음을 터 뜨리는 재원님은 언젠가 한 번 내게 운동을 하는지 물은

적이 있었다.

"형님도 운동하세요?"

"달리기와 맨손 운동 해요."

재원님도 달리기를 6km씩 뛴다고 했다.

"6km요? 그럼 거의 한 4, 50분은 뛰지 않나요? 저는 아직 3km 정도예요. 조금씩 늘리고 있어요."

일 끝나고 헬스를 하신다는 건 알고 있었다. 나는 역시 사람은 체력과 근육이 돼야 자신을 컨트롤할 수 있다고 생각했다. 그 두 가지가 구축되지 않는 한 아무리 머리로 이러자 저러자 해도 실전에서 쉽게 무너진다고.

우리는 청계천점 분들이 준비한 아이스크림 케이크를 먹고 평소보다 조금 늦게 마감을 했다. 마감을 끝내고 소등된 우육면관 앞에서 마지막 작별 인사를 나눴다.

"그동안 너무 감사했습니다." 재원님은 그러고 서원님, 매니저님, 그리고 나까지 일일이 포옹을 해줬다. 그리고 "안녕! 다들 안녕!" 하면 모두 끝이고 이제는 같이 일했던 기억만 남는 것이다.

재원님은 우육면관 단톡방에도 마지막 인사를 남기고 "제가 원래 낯을 심하게 가리는 사람인데 좋은 분들을 만나서…… 맛있는 거 많이 먹고 갑니다! 우리 예쁜 서원이 맛있는 거 잘 챙겨주세요!" 방을 나갔다.

'재원님'이 방을 나갔습니다.

다른 사람을 위한다는 것을 나는 모른다. 나는 무슨 일이 있어도 누구의 도움 없이 스스로 감당해야 한다는 태도를 갖고 있다. 작은 일이건 큰 역경이건 혼자 알아서 하면서 또는 해내지 못하면서 본인의 본래 자리를 찾는 거라고 생각하고 살았다.

내가 본 재원님은 그러나 타인을 위하는 모습을 갖고 있었다. 때로는 농담으로, 때로는 동조를 해주면서 서원님에게는 친오빠처럼 대해줬고

"아니, 나한테 소리를 지르잖아!"

"교양이 없는 거야, 걔는!"

(나는 어디서부터 어떻게 잘못됐는지 똑바로 계산했다.)

손님에게도 나에게도 '위한다'는 느낌을 받았다. 재원님을 보면서 나는 세상을 너무 차갑게 보고 있는 건 아닌지 반성했다. 자기가 알아서 해야 하는 것 아닌가? 하고 보는 것이 많았던 나다.

어느 날 신이 '위하는 사람'의 머리 위에 둥근 관을 부여하면 나는 그에게는 조금의 친절을 베풀 의향이 생겼다. 재원님은 그런 것을 보여주고 떠났다.

신참 들어오고!

다음 날 바로 새로운 사람이 들어왔다. 주워듣기론 나이 서른에 일 좀 해본 사람이 온다고 했다. 나이 적은 것보다야 많은 게 낫지. 나는 추운 날 밖에서 술 정리를 하고 있었는데 왠지 지금 뒤로 지나가는 이 사람이 그 사람인 것 같다는 인상을 받았다.

흰 패딩에 머리가 긴 남자.

시간으로 보나 뭔가를 찾는 듯 어물쩍거리는 느낌으로 보나 맞는 것 같았다. 술 짝에 필요한 술을 담고 들어가니 (카스 8병, 칭타오 5병, 처음처럼 4병, 참이슬 4병…….) 역시 그분이 새로 온 신입이었다.

강 팀장님이 브리핑을 했다.

나의 경우 거의 즉시 근무 투입이 됐는데 새로운 분은 상당히 오랜 시간 자세히 설명해주셨다. 아무래도 나는 경력이 많으니까 설명을 듣는 것보다 그냥 투입되는 게 낫다. 경험이 많아질수록 경험해 보지 않은 것에 대한 설명은 어물쩍 넘기는 경향이 생겼다. 그것에도 이유가 있는 게 직접 해보면서 자연스레 몸으로 익히면 되는 것을 부러 시간을 들여 피차간의 시간을 쓸 필요가 있느냐는 것이다.

서른 치고는 동안인 신입의 이름은 건우님이었다. 맑고 얇은 눈꺼풀의 건우님은 투명하고 옅은 갈색 눈을 가지고 있었다. 건우님은 하남돼지에서 10개월 간 직원으로 일했다고 했다.

"고깃집이요? 그럼 일 다 했네요. 고깃집이 제일 힘든데. 그러면 여기서 일하시는 데 문제없을 거예요." 고깃집에서 일한 사람이라니 반가웠다. 내가 보기엔 식당 아르바이트는 고깃집이 제일 힘들다. 거기서 10개월을 직원으로 버텼다니 힘들다고 도망갈 일은 없어 보였다.

강 팀장님의 브리핑이 끝난 게 영업 시작이 얼마 남지 않은 시점이어서 건우님과 나는 먼저 내가 정리하고 있던 부탄가스를 함께 정리했다.

"저희가 버너를 쓰거든요? 거기에 필요한 부탄가스 위치는 여기에요."

그리고 서둘러 앞치마와 모자를 썼다.

"이거 쓰시고요. 이제 영업 시작이 얼마 안 남아서, 잠시만요. 손님이 오면 자리를 안내해드리면 되는데."

"테이블 번호가 어떻게 되죠?"

"여기가 1번이고요. 여기가 3번 그리고 5번……."

"영업 시작합니다~! 손님 받을게요! 2층 한 명 도와주세요!" 대엽님이 1층에서 소리쳤다.

"제가 내려가야 돼서. 일단 손님이 오시면 인사하고 자리 안내하고 메뉴판 주시면 되고요. 전 일단 시작해야 돼서 다른 건 좀 이따 알려드릴게요."

급히 1층으로 내려갔다.

추운 날씨에 기다리는 손님들이 계셔서 영업시간을 지연할 순 없었다. 앞에는 네, 다섯 팀의 손님들이 대기하고 있었다. 서원님은 관장님과의 면담으로 자리를 비운 상황이었고 이대로 2층에 손님이 올라가면 아무것도 모르는 건우님이 받아야 했다. 얼른 손님 안내를 하고 2층으로 올라가야겠다고 생각했다. 대엽님이 매장 문을 열고 대기명단의 손님들을 호명하기 전에 먼저 예약자부터 찾았다.

"예약하신 분 계신가요? 예약자분 계시면 먼저 안내해드리겠습니다."

예약이 한 팀 있었다.

"성함이 어떻게 되시죠?"

그리하여 예약자 두 분이 먼저 들어왔고 나는 "QR 체크 먼저 해주시고요. 우측 계단으로 올라가시면 됩니다. 어서 오세요."

2층으로 안내했다. 그렇게 해서 왜 손님이 1층 빈 좌석에 앉지 않고 2층부터 올라오는지 생전 모를 건우님이 혼자 손님을 받는 상황이 됐다. 나는 곧장 올라가려 했지만 우르르 들어오는 대기자분들을 안내도 해야 했다.

"QR 체크 먼저 부탁드리고요. 예. 두 분이세요? 이쪽으로 안내해드릴게요. 어서 오세요! 두 분이세요? 두 분은 저쪽으로 안내해드릴게요. 어서 오세요. 한 분이세요? 이쪽 안쪽으로 들어가실게요."

그렇게 해서 1층을 만석으로 채우고 2층으로 올라가려 했으나 역시나 먼저 앉은 손님들이 주문을 하겠다고 나를 붙잡았다.

"저기요. 사장님, 주문이요."

"아… 네! 주문이요. 주문… 받겠습니다. 어떤 걸로 하실까요?"

한 팀이 주문하고 나니 나도 늦지 말자며 또 전체가 차례로 주문을 했고 나는 그 주문을 모두 받아야 했다. 그사이에 한 팀 더 2층으로 올라갔다. 네 분.

에이 모르겠다. 어떻게든 되겠지.

"네. 주문하시겠어요?"

"특 두 개 주시고요. 마파연두부 하나 주세요."

"식사는 선결제로 하고 있어서요. 결제 먼저 부탁드리겠습니다……."

그렇게 나는 포스(POS)에 메뉴를 찍는 것은 물론 결제까지 전체를 진행해야 했다. (면 식사 손님은 주문과 동시에 결제도 했다.) 주르륵 나오는 빌지를 하나씩 떼서 순서대로 붙이고, 먼저 나가고 세팅할 것은 세팅하면서 2층 일이야 이제 나는 모르는 일이고, 여기 일도 밀려 있어서 내 코가 석 자니 오늘 처음 와서 방금 앞치마를 두른 건우님이 이제 하남의 짬밥으로 프리스타일 홀서빙을 잘하기를 염원하는 것밖에 없었다.

1층이 어느 정도 정리가 돼서

"특 2개 드리겠습니다. 뜨거우니 조심하세요."

나는 대엽님께 "2층이 걱정인데요! 건우님 혼자 서서."라고 말했다.

"2층 도와주세요!"

나는 후다닥 올라가 봤다. 웬걸 마침맞게 우연히도 앉아야 할 두 자리에(아홉 테이블 중 정해진 두 자리에) 4명, 3명의 손님이 앉아 계셨다. 나도 모르는 새 올라간 두 팀이 더 있었는데 그분들도 천운이 따른 것인지 제자리를 찾아 예약석에 앉아 계셨다. 휴, 하마터면 아수라장이 될 수 있었다.

제자리를 안내하는 것은 과거 수학 시간에 배운 하노이 탑쌓기와 유사하다.

"손님 죄송합니다. 이쪽으로 이동 부탁드립니다!… 손님 죄송합니다. 여기는 6인석이라서요. 4인석으로 이동 부탁드립니다!… 이쪽 분들은 이쪽으로, 저쪽 분들은 저쪽으로! 손님! 손님! 손님!"

단 네 팀이지만 이들을 정자리에 위치시키는 것은 상당한 정신적 소모가 요구되며

"여기 앉으면 안 돼요?… 넓은데 앉으면 안 돼요?… 저는 이 자리에 앉고 싶은데요?"

"거기는 예약석이라서요… 거기는 단체석이라서요!… 거기는 3인 이상이라서요!"

그것을 하는 동안 손님은 또 올라오고 주문을 받아야 하고 음식도 나오는 것이고 해서…….

어떻게 된 것인고 하니 다행히 서원님이 와 있었다. 관장님과의 면담을 극적으로 마친 후 음료도 두 잔 사 와서

"인교 오빠는 커피 안 마신다고 해서 이걸로 사 왔어요!"

달달한 걸 먹으라며 건넸다. 내가 1층에서 주문받고 결제를 하면서 정신이 팔린 사이 서원님이 올라왔던 것이다. 분명 내 앞을 지나갔을 터인데.

에이스 재원님이 없는 첫날은 바빴다. 올해를 하루 남긴

날 바쁠 것은 예상됐고 나는 1층을 도와주는 전담으로 1, 2층을 뛰어다니랴, 새로운 분을 가르치랴, 배달도 받으랴

"쿠팡 잇츠, 주문!"

정신이 없었다.

그뿐만이 아녔다. 서원님은 오늘 영업 준비할 때 미리 "오늘 조금 정신이 없을 것"을 귀띔해 줬는데 없는 말은 아녔다. 다행히도 내 컨디션은 나쁘지 않아 연말의 역경을 무사히 보낼 수 있었다. 기억해야 할 것을 정확히 기억하고

"5번에 콜라. 1번에 고수장. 17번에 카스."

다른 사람의 간섭에도 기억을 놓치지 않았으며

"인교 형님, 8번에서 가스 갈아달라고 하는데 어떻게 하면 되죠?"

"네. 가스는 여기 있고요. 이렇게 열어서 갈아주시면 되고, 건우님 그거 하시고 1번에 고수장 하나만 갖다 주세요. 우리가 봤을 때 우측에 계신 남자분이요!"

그리고 나는 17번에 카스.

육체적으로도 지침이 없었다. 이런 날은 매번 오지 않는데 운이 좋았다고 할 수 있었다.

매장은 금방 만석이 됐고 나는 1층에 손님이 나갈 때마다 퇴식을 하고(그릇 정리와 상 닦기) 밖에서 추운 날씨에 기다리는 손님들을 빠르게 안내했다.

가게 밖에는 대기명단표가 있었는데 거기서 제일 윗분의 성함을 호명하고

"○○○님 계세요!? 안쪽으로 안내해드리겠습니다!"

이름을 지웠다. 그것을 반복하다 보니 어느새 안정기가 찾아왔다. 숨을 좀 돌리고 건우님에게 본격적으로 일을 알려줘야 할 차례였다. 서른 살 치고 주름살도 하나 없이 깨끗한 피부를 가진 건우님께 서원님이 그제야 "몇 살이냐"고 물었다.

"서른 살이래요. 그렇죠? 어제 들었어요. 서른 살이시라고." 어제 들은 것을 성격 급한 내가 선수를 쳤다.

"서, 서른이 아니고… 스, 스물입니다."

"네. 서른이요."

"스, 스물입니다."

"스물? 이십이요?"

누구한테 들은 건지 서른이란 정보는 잘못된 것이었다. 그제야 제 나이로 보였다. 건우님의 어딘가 앳된 모습은 동안이어서가 아니라 실제로 나이가 어렸던 거다. 열다섯이나 어린 동생이라니. 내 위로 치면 오십이었다…….

하남돼지에서는 설거지나 세척기는 안 했다고 했다.

"세척기는 별거 없어요. 한 번에 최대한 많이 차곡차곡 쌓는 게 전부입니다. 퐁퐁을 하는 이유는 퐁퐁과 뜨거운

물이 만나야 기름이 벗겨지거든요. 이렇게 퐁퐁질을 하고 물로 헹궈서 안부터 차곡차곡 쌓으시면…….

건우님 그리고 보니까 뒷짐 지고 계시던데 저희가 아무래도 서비스를 하는 입장이니까 손님들 앞에서 뒷짐 지는 건 안 좋게 보일 수 있거든요. 가급적이면 홀에서는 뒷짐은 안 지는 게 좋습니다."

불편한 소리도 했다.

홀서빙에서 가장 어려운 일은 가르치는 것이다. 손님을 대하는 것보다 가르치는 게 더 힘들다. 이것저것 자잘하게 설명을 해줘야 하고 몸소 보여주면서 또 시범을 보이면서 나 자신은 머릿속으로 잘 아는 것을 일일이 눈으로 확인시켜줘야 하기 때문이다.

지난 열사흘간 배우고 익혔던 것들을 전달했다. 목이 아팠고 물을 자주 마셔야 했다. 나는 가르치면서 재원님이 생각났는데 재원님은 상대방의 속도에 맞춰 천천히 일을 가르치는 것을 잘했기 때문이다.

나는 성격이 급한 면이 있어서

"이건 이렇게 하시고요! 저건 저렇게 하는 겁니다!"

내 속도에 맞춰 알려주는 경향이 있었고 그날도 그런 버릇을 버릴 수가 없었다. 행주를 삶을 때 뜨거운 물을 받는데 건우님이 미처 손을 다 빼지 않았는데 물을 틀어버리기

도 했다. 다행히 팔에 닿지는 않았으나 나도 모르게 기다
리지 못하고 뜨거운 물을 틀어버렸다.

"앗! 죄송합니다. 안 뜨거우세요?"

"괜찮습니다. 안 닿았어요."

의식하지 않으면 나는 나 혼자 하는 대로 빨리빨리 하려
고 한다. 더군다나 마감할 때는 집에 가야 한다는 일념으
로 촉박함이 가중돼 특히 그런 실수를 저질렀다. 그렇게
처음 가르치는 날이 갔다. 벌써 사람을 가르치다니 우육면
관에서는 뭐든 참 빨랐다. 가르치는 건 되도록 없으면 좋
겠는데.

힘든 날이었지만 그래도 7019를 타고 녹번역을 지나면
서 살면서 이렇게 즐거웠던 적이 있었나? 하는 생각이 들
었다. 글도 쓰고 있고 걷기도 한, 두 시간씩 했으며 일도
지루하지 않고 사람들도 나이스하며 그리고 집에 가면 지
혜가 있었다.

"다녀왔습니다!"

"고생하셨습니다~!"

집에 가면 고개를 빼꼼 인사해 주는 지혜. 하루의 마침
표가 되는 안정감이었다.

한 해의 출발은 신춘문예 탈락으로

좋던 마음이 쑥대밭이 되는 것은 하루면 족했다. 바로 다음 날이 된 나는 어제의 한심한 행복론을 곧장 철회했다. 조건은 같았다. 글을 쓴다, 걷는다, 잘 먹는다, 서빙을 한다. 그러나 똑같은 조건에도 다음 날이면 전혀 즐겁지 않은 게 사람 마음이었다. 즐거워야 하는 거 아닌가? 하고 억지로 지푸라기라도 쥐어보았다.

올해의 마지막 날인 12월 31일이었고 바쁨이 예상됐다. 내가 출근했을 때 주방 분들도 쉬지 않고 준비하며 일하고 있었다. 나는 주방이 바쁜 것 같아 직접 대형 밥솥에 밥을 지었는데(처음 사용이었다) 어찌나 밥이 많이 됐는지 몇십 인분짜리 밥솥을 뚜껑 바로 밑까지 그득 차게 해버렸다.

그걸 보고 모두 즐거워했다.

"밥이 정말 많다"는 건우님을 믿지 못하고 밥솥에 갔을 때 하나도 즐겁지 않았던 나도 웃고 말았다. 어처구니가 없어서 터진 웃음이었다. 밥을 이렇게 많이 하는 사람은 세상에 아무도 없기 때문이다.

주걱으로 수분을 날려야 했지만 주걱 자체가 들어가지 않았다. 밥을 푸려면 삽이 필요했다. 나는 그저 11자로 그으면서 수분을 날렸다.

어제는 무리였을까 컨디션이 좋지 않았다. 컨디션의 측정 기준은 이렇다. 먼저 누가 무슨 이야기를 하면 그것을 얼마나 명료하게 알아듣느냐, 귀의 해상도로 가늠했다. 그리고 그것을 얼마나 길게 기억하고 유지할 수 있느냐 기억의 길이를 따지고, 들은 것과 내가 아는 것을 머릿속에서 관념적으로 정리하고 실행하는 수준으로 컨디션을 파악했다.

컨디션이 좋은 날은 모든 게 수월하게 진행된다. 일부러 의식하는 일 없이 거의 저절로 본능과 무의식이 알아서 일을 처리한다. 그러나 좋지 않은 날에는 생각이란 걸 의식적으로 해야 하며 의식의 연산 속도는 빠르지도 탁월하지도 못해 고생을 하게 된다. 그런 날은 도망가고 싶기만 하고 한시라도 빨리 영업을 마쳤으면 하는 바람밖에 없다.

누가 들으면 비웃을 노하우 한 가지는 스스로 천천히 하라고 다독이는 것이다.

역시나 손님은 영업 시작 땅 하자마자 우르르 1층을 만석으로 채웠고 2층으로 예약한 손님들도 올라왔다. 나는 1층에 있으면서 하나씩 하나씩 천천히 하자고 자신을 다독였고, 남녀커플이 앉은 A1 손님이 우육탕면 특 하나에 마파연두부, 오이소채를 시키면서 12월 31일의 첫 주문을 받았다.

"저희가 식사는 선결제로 하고 있어서요. 결제 먼저 부탁드려도 될까요?"

그리고 다음 주문, 그리고 다음 주문…. 대엽님은 밖에서 기다리는 손님 안내를 주로 맡았고 연말의 손님들은 한 팀이 나가면 바로바로 들어와 테이블을 채웠다.

나는 A1부터 A6, B1부터 B6 그리고 C2와 C3까지 주문을 모두 받고 그다음에 해야 할 게 뭐지? 생각했다. 세팅을 하고, 먼저 나갈 수 있는 건 나가고, 메뉴만 빼면 되도록 미리 준비하고, 음료도 먼저 나가고.

혹시 안 한 게 있을까? 빼먹은 게 있나? 그러다 보면 오늘 내가 즐거웠는지 불행했는지, 긴지 아닌지는 모르게 되기 마련이었다. 내가 서빙을 하는 목적 중 하나는 바로 이것이었다. 행과 불행. 길운과 불운. 그런 것을 따지지 않는 '모르는 사람'이 될 수 있다는 것.

1월 1일은 신춘문예 발표가 있는 날이었다.

집으로 돌아오니 지혜는 소불고기 전골을 준비하고 있었다. 내가 씻는 동안 전골을 끓였고 나는 나오자마자 맛있는 전골을 먹을 수 있었다. 밥 한 공기와 그것을 먹고서 지혜의 친언니가 선물해준 루이스 군트룸 리슬링을 따서 새해를 맞았다.

"감사합니다! 새해 복 많이 받으세요! 축하합니다—!"

잔을 기울이니 새로운 해였다. 신춘문예에 떨어진 것은 알고 있었다. 나는 혹여나 예심에 올라 내 작품에 대한 한두 마디 운운하는 것을 들을 수 있을까 정도를 기대했다. 당장 스마트폰을 검색해보면 됐지만 일단 확인하지 않고 지혜와 새해맞이에 집중했다. 일주일의 피로가 쌓였고 밥도 두둑이 먹었겠다, 와인 한 잔을 하니 졸음이 밀려왔다.

그리고 사실 12월 31일은 우리의 1000일이기도 했다. 나는 선물도 편지도 준비하지 못했고 기념일도 기억하지 못하고 있었다. 지혜는 볼펜으로 꼭꼭 누른 편지 한 장을 줬는데 진솔한 내용은 감동적이었다.

'신뢰와 믿음……'

그러나 나는 빈손이었다. 언제나 빈손이었다. 무엇을 해 줘본 적이 없다. 항시 어떻게 하면 잘 쓸 수 있을지만 분주해서 기념일을 챙기거나 선물을 준비한 적도 없었다. 주에 한 번 나의 토요일을 내주는 것 그것이 내가 할 수 있

는 최대였다. 돈도 없었고 여유도 없었다. 그리고 능력도
없는 게 구슬은 빨강도 파랑도 있지만 내 글은 언제나 회
색, 거절과 거부밖에 없었다.

나는 지혜와 결혼을 하고 싶었는데 아무런 문학적 명함
도 얻을 수 없어서 나를 탈락시킨 심사위원들에게 복수를
하고 싶은 마음이 생기는 것을 어찌할 수 없었다.

구닥다리에 아무도 읽지 않는 한국 문학의 풍토를 만든
원흉들이 앞길을 막고 있다는 나쁜 마음이 절로 들었다.
말도 안 되는 이야기에 허무맹랑한 뚱딴지같은 헛소리를
섞어가면서 어쩌다 책을 든 사람들까지도 절로 떠나게 하
는 사람들이 나의 길을, 비옥의 길을 막고 있다는 '망상'은
아무래도 그만큼 열중하고 마음을 써서 일 것이었다.

당연히 말도 안되는 논리였다.

그럴 때 나는 고개를 흔들면서 현실을, 사실을, 눈앞에
세계를 보자고 그곳에는 아무것도 없다고 심지어 닮은 것
도 유사한 것도 없고 그저 거리에는 책과는 거리가 먼, 완
전히 작별을 고한, 문학을 이해할 용의도 필요성도 없는
사람들이 별생각 없이 다니고 있다고 자신에게 현실감을
회복하도록 타박했다.

나는 칭타오 네 박스를 정리하고 카스 6병과 처음처럼
8병, 연태구냥을 나르면서 마음의 소란을 껐다.

당선에는 환상적인 면이 있었다. 당선이 되든 안 되든 실질적인 변화는 없었다. 수상을 했다고 텍스트가 변하거나 빛이 나고 그러진 않는다. 다만 작자의 정신 속에 '수상을 했다'는 한 문장이 붙는다. 그것은 권위에 힘입어 작품을 판단하는 것이다.

만일 스스로의 지성으로 진실된 문장을 여기에 적고 3개월 후 그것이 진실됨을 재확인하면 작가의 임무는 완료된다. 그런데 왜 부차적인 일로 쓸데없는 수난을 겪어야 하는 것일까?

몸통에 대롱대롱 달린 동그란 풍선에는 뭐가 들었기에 있지도 않은 일에 괴로워해야 하는 것일까? 마음은 변화하는 사물이어서 괴로운 시간이 지나가기만을 기다렸다.

모온 날

'뭔 날'이란 게 있기는 있다. 그런 날은 사고가 연속으로 있다. 그날은 서원님이 매니저로 승진한 날이었다. 며칠 전 매장에 오셨던 홍 관장님이 이런 얘기를 해주셨다.

(과거로 돌아가는 상상)

관장님은 건우님께 "일이 할만 하느냐"고 물었다. 일주일이 된 건우님은 너무 솔직히 "할만한데요?"라고 했고 관장님은 너무도 당돌하게, 진짜로 할만해서 할만하다고 하는 건우님의 뉘앙스에 조금 당황해하셨다.

"하하! 제가 너무 열심히 했나봐요. 이제 쉬엄쉬엄 할게요." 나.

관장님은 "지금은 4명이서 하고 있어서" 다음 주부터는 3인 근무체제로 간다고 했다.

(그누 웁드르쁘츠…)

"세 명이요? 그럼 근무가 어떻게 되는거죠?"

듣자니 서원님이 매니저가 돼서 광화문점을 잡고 지금의 매니저 대엽님은 1, 2호점을 왔다갔다 한다고.

(현재로 돌아옴)

그런 얘기가 오가고 얼마 뒤 서원님은 매니저 관리자 단톡방에 초대됐다. 그것으로 정식 매니저가 된 것이었다.

뭔 날의 시작은 스무스 했다.

"승진 턱으로 커피 쏘겠습니다! 뭐 마실래요?"

나는 말차 라떼, 건우님은 바닐라 라떼.

"아니 무슨 메뉴가 다 달라!?" 서원님은 모든 인원이 다 다른 메뉴를 시켰다고 했다.

뭔 날의 시작은 '밥'이었다.

"어려운 거 아니니까 제가 배워서 해보겠습니다."

나는 상빈님(주방팀 막내분)에게 밥하는 법을 알려달라고 했다. 밥 하는 거야 그다지 어려운 것도 아니고, 밥솥 씻어서 쌀 넣고 쓱쓱 닦은 다음에 물 채워서 취사 누르면 그만인데 뭐 그거 어렵다고 주방 사람들에게 부탁을 해, 부탁을. 내가 하면 되지.

밥은 수백 번 해봤고 솥밥에 전기밥솥까지 모든 밥짓기 도구가 두려울 게 없었다. 대형 밥솥이라고 뭐 다를 게 있을까? 전에 뚜껑 바로 밑까지 왕창 밥을 한 사례는 양을 몰라서지 한두 번 해보면 익힐 것이었다.

"양은 어느 정도씩 하면 되죠?"

버튼을 누르면 백미가 300그램 씩 나오는 계량기가 있었다.

"네 번이 한 번이고, 그렇게 두 번 하시고요."

"물 양은요?"

"저는 손이 좀 작기는 한데 여기 이 정도(팔목 조금 아래를 가리켰다) 오도록 하시면 돼요. 밥솥이 뚜껑이 잘 안 닫히는데 그것만 잘 닫고 하시면 웬만해선 맛있게 돼요."

"네! 제가 해보겠습니다."

나는 손이 큰 편이었다(말 그대로). 직전에 한 솥을 했을 때는 밥이 설익었기 때문에 이번에는 물을 넉넉히 넣고 불리는 시간도 20분 가져가서 밥을 맛있게 해야지, 라고 생각했다.

실패하면?

어쩔 수 없지. 실패하면서 배우는 거니까. 밥 상태를 보고 피드백 한 뒤 조절하면 된다.

그리고 한 시간이 지났다. 건우님이 뜸이 다된 밥솥의 밥을 뒤집었는데(수분을 날려 떡이 되는 걸 방지하기 위해) 밥이 "조금 질다"고 했다.

음? 그럴 리가 없는데?

가봤다. 밥이 질지는 않았다. 아예 밥이 아니었고 떡이 돼 있었다!

앗!!

"이런 상황이 되면요, 건우님. 수분을 평소보다 많이 날려야 해요. 밥을 좀 더 뒤적거려야 돼요. 수분을 계속 날릴 수 밖에 없어요."

나는 계속 밥을 뒤적거렸다. 그러나 아무리 수분을 날려도 나아지지 않았고 오히려 쌀알들이 뭉개져 진짜 떡 자체가 돼버렸다.

"서원님! 서원님! 오늘 밥이 완전 떡이 됐어요. 하하!" 내가 한 말이다.

서원님이 왔다.

"아니, 푸하하! 이거 못 쓸거 같은데? 매니저님, 매니저님, 인교님이 밥을 했는데 완전 떡이 됐어요."

"뭐라고요? 밥 가져와 보세요."

나는 손수 제작 떡밥을 가져갔고, 대엽님은 밥솥의 밥 상태를 보더니

"모두 폐기하세요."라며 총알눈을 쐈다. "밥을 왜 하신 거에요?"

"음. 어려운 일이 아니니까 제가 배워서 하려고 했습니다. 재원님도 보니까 본인이 할 때는 본인이 하셔서…."

"그래서 인교님이 한 거예요?"

"네."

"앞, 앞으로는 하지 마세요. 주방에 해달라고 하세요."

다음에 할 때 물만 좀 줄이면 될 거 같은데….

"넵."

서원님이 그랬다.

"오빠, 이제 밥 금지! 건우야, 이 오빠 밥시키면 안돼."

"네. 하하. 밥을 딱 푸는데 너어무 질어서. 하하하." 건
우님도 웃었다.

(거느 읍드르뿌츠…)

"저는 이따 제가 한 거 저녁에 먹어야겠어요."

그래서 나는 내가 먹을 떡밥(?)을 한 공기 가득 푸고 나
머지는 모두 폐기했다.

"이런 식으로 떡을 만들 수 있으면 참 편리한 방법이야."

속으로 정신승리를 하며 나는 자존심을 부렸다.

아깝고 아까웠다. 죄송합니다, 농부님!

주방의 책임자이신 최 팀장님까지 올라왔다.

"주방 인원들이 그냥 내려가서 밥 하셨나 봐요."

"아니요, 아니요." 혹시 다른 분이 타박받을까 절대 그
런 건 아니라고 했다. "상빈님이 하시려고 했는데 제가 배
워서 해보겠다고 했습니다."

"앞으론 저희한테 해달라고 하세요. 지금 밥은 얼마나

있죠?"

같이 밥솥으로 갔다. 1층 밥솥 것과 반으로 나눴는데 적었다. 많이 적었다.

"이거 반 정도 남을 때 해달라고 하세요."

아, 그러니까 한창 바쁠 때 '밥이 반만 남아서 밥 좀 해주십쇼!' 해야 할 상황이 만들어진 것이다. 뭔 날이 되기에 좋은 설계였다.

"죄송합니다. 제가 괜히 밥 해가지고 어릿 힘드네요."

실제로 그랬다. 일단 직원들 식사시간 때도 평소라면 그냥 해놓은 밥을 퍼 먹으면 되는데, 인원수대로 죄다 햇반을 돌려야 했다. 굉장히 머쓱한 상황이었다.

다행히 중간에 밥을 해달라는 불상사는 없었다. 그날따라 손님들이 밥을 찾지 않는 그런 특이한 날이어서가 아니라 너무 바빠서 밥을 확인할 시간이 없었고 영업이 다 끝나서 뚜껑을 열어보니 이미 텅 비고 밥알 몇 개만 솥에 붙어 있었다.

뭔 날의 시작은 밥이었고 다음은 '불'이었다.

대형 소방차 서너 대와 구급차가 가게 앞에 줄지어 왔다. 완전 무장한 소방관들도 보였다. 소방관들이 맞은편 신라스테이로 들어갔다.

"불났나 봐, 불! 불!"

서원님이 외쳤고 우리의 우육면 고객님들 모두 불구경을 하러 창문으로 모였다. 매장 2층에선 신라스테이가 곧바로 보였고 그래서 만에 하나 호텔이 활활 탄다면 이보다 나은 관람석(?)이 없었을 것이다.

그러나 불길은 보이지 않았다. 소방관들이 투입됐는데 불은 보이지 않아서 지하에서 불이 난 건가? 생각했다. 옹기종기 모여 스멀스멀 피어오르는 불길한 불길을 찾던 사람들은 제자리로 돌아갔다.

일하면서 가끔 창문을 볼 때마다 호텔 앞에 구경꾼들이 불어나 있는 것이 보였다. 나는 신라스테이 창문 하나하나를 살폈다. 불의 낌새는 보이지 않았다. 그러다

"불이다! 불!"

오늘 매니저로 승급한 서원님이 또다시 소리쳤다. 눈이 똥그라져서 "연기가 막 나고 있다"고 했다.

불이 난 곳은 객실이었다. 1층엔 스타벅스와 상가가, 그 위층엔 사무실들이 그리고 9층부터는 객실이 시작되는데 바로 9층의 객실 하나에서 연기가 마구 피어올랐다. 불, 그러니까 그 빨간 화염은 직접 보이지 않았지만 창문에서 검은 연기가 쑥쑥 뿜어져 나왔다.

창문 뒤의 둥그런 형체가 울룩불룩 거리는 게 왠지 사람이 구해달라고 곧 손을 뻗을 것 같았다. 사람이 떨어지는

걸 직접 목격하게 되는 건가? 연기의 색조가 점점 더 짙어졌고 켜져 있던 등불도 모두 꺼져서 매연을 더욱 심하게 뿜어냈다.

나는 퇴식과 주문, 손님 안내와 메뉴 나가기 등으로 또 바쁘게 일을 하다가 다시 창밖을 봤을 땐 완전 전소돼 연기가 멎어있었다. 화재현장은 검댕이된 객실 창문이 눈꺼풀을 닫고 잠이 들었다. 사건은 끝났다. 호텔 앞에도 노란 소형 소방차 두 대만 남고 나머지 차들은 가고 없었다.

구경꾼들도 모두 사라져 버렸고 핸드폰을 보니 대엽님이 "가게 앞에서도 연기 냄새가 난다."고 단톡방에 메시지를 올린 것을 확인할 수 있었다.

(이 사건은 추후 조사결과 10대 투숙객이 매트리스에 불을 지른 방화로 밝혀졌다. 총 네 명의 10대 청소년이 방을 두 개 잡았고 그들은 셋, 하나로 나눠 방에 있었는데 혼자 있던 한 청소년이 매트리스에 불을 지른 거라고 했다. 그걸 확인한 나머지 세 명이 그 한 명을 붙잡았다가 경찰에 인계했다고 한다. 우발적인 범행이고 추가 혐의는 없다고 기사가 났다.)

그리고 또 벌어진 일은 운운하기도 그런 좋지 않은 개인적인 일이었다. (허락을 받고 기록을 남긴다.) 건우님이 2층 주방 안쪽으로 들어가 핸드폰을 만지작거리고 있었고 어딘가 평소와는 다른 불안한 낌새를 보였다.

팔짱에 턱을 괴고 있는 건우님께 "무슨 일 있어요?" 물었다. 건우님이 핸드폰을 보여줬다. 문자에는 나도 생전 처음 보는 그런 내용이 적혀있었다. '그동안 고마웠다', '잘 있으라'는 식의 누가 봐도 그런 내용. 가족 중 한 분이 방금 그렇게 문자를 보낸 것이었다. 전화를 걸었지만 전화도 받지 않았다. 건우님은 누나에게 즉시 전화를 걸어 이 사실을 알렸다.

"누나도 문자 받았어?"

누나는 받은 적이 없다고 했다. 건우님에게만 문자가 온 것이다.

서원님이 무슨 일 있느냐고 물었다. 나는 문자를 봐보라고 했다. 그 내용을 읽은 서원님도 당황해서 무슨 말을 해야 할지 몰랐다. 서원님은 건우님을 다독이다가 조용히 나에게 "좀 무섭다."고 했다.

나는 건우님께 이렇게 아니고 경찰에 신고를 하라고 했다. 지금 당장.

"누나가 지금 가본데요. 기다려봐야죠."

"후회안할 자신 있어요? 누나가 가더라도 경찰에 신고해 놓는게 좋아요. 주소 아시죠?"

그래도 건우님은 기다려 보겠다고 했다. 8살 터울의 누나를 믿어보겠다고 했다. 기건 아니건 나였으면 일단 신고를 했을 거라고 했지만 건우님은 다시 한 번 "기다려보겠다."고 했다.

"누나가 가는데 얼마나 걸리죠?"

"2~30분 정도 걸려요."

가는 시간은 길었다. 초침이 얼어붙는 시간이었다. 건우님은 안절부절이었고 불안한 탓에 이것저것 자잘한 개인사를 나에게 털어놓기 시작했다. 그것을 쭉 들은 나는 이렇게 말했다.

살다보면 많은 일들이 있다고. 건우님은 결혼을 할지 안 할지 모르지만 가장이 될 거지 않냐고. 중심을 잡는 법을 배우고 현명하게 대처하는 법을, 특히 이럴 때 지혜롭게 대처하는 법을 배워야 한다고 말했다.

토씨 하나 틀리지 않고 그렇게 말했다. 나는 결국 그런 사람이었다.

초조한 시간이 지났다. 결과는 아무 일도 없었다. 다행이었다. 누나가 찾아냈을 땐 다른 사람들과 생각(?)을 하고 계셨다고 했다.

나는 지금 돌이켜봐도 대체 왜 그런 내용의 문자를 보낸 것인지 이해가 되지 않았다. 나중에 건우님은 원래 표현을 잘 못하셔서(?) 그런 것 같다고 했지만 그래도 도무지

내 머리론 이해가 되지 않는다. 결국 전화 연결이 된 건우님은 주방 구석으로 들어가 수화기에 대고 세차게 화를 냈다.

결과가 됐으면 된 거다.

"어쨌든 결과가 됐으면 된 거예요, 그렇죠?"

매장에서 불이 난 건 그 후였다. 그렇게 한 막의 에피소드가 끝난 후 건우님과 나는 1번 테이블에 앉아 식사를 했다. 자잘한 이야기들이 건우님의 긴장을 풀기 위해 이어졌다.

그날은 또 술을 진탕 마시고 전골이 나가는 탕 그릇에 밥과 남은 소스를 때려 붓고 셀프 볶음밥을 해 먹는 테이블이 있었다. 처음보는 광경이었다. 그것이 화근이었다. 기름이 없는 상태에서 밥을 누르니 결과는 뻔했다. 모두 바짝 말라 누룽지처럼 눌어붙은 것이다. 바닥에는 긁어지지도 않는 다 타버린 밥알들이 있었다. 서원님은 나에게 와서 이따 설거지할 수 있게 탕 그릇을 '불려놓겠다'고 했다. 서원님의 아이디어는 물을 붓고 끓이는 것이었다. 실제로 그러면 탄 것들이 잘 떨어진다. 그래서 탕에 물을 붓고 버너를 켠 뒤 서원님은 다른 테이블을 치웠다.

나와 건우님은 멀찍이 떨어져 식사를 하고 있었기에 무슨 일이 벌어지는지 몰랐다. '불린다'는 얘기만 들었을 뿐이지. 그런데 갑자기 뭔가 웅성웅성이었고 서원님은 "어머! 어머!" 놀라서 소리를 지르는데 자리에서 일어나 보니 불이 나고 있던 것이다.

다행히 불은 우연찮게 테이블이 보이게 반쯤 비스듬히 앉은 손님에 의해 즉시 발견돼 바로 진화될 수 있었다. 그분이 불을 보고 서원님께 "불이요!" 외친 뒤 본인이 직접 달려가 불을 끄신 것이었다.

불이 붙은 건 탕 그릇 옆에 꽃처럼 구겨놓은 손님이 남기고 간 티슈였다. 강불로 버너를 트니 거기에 불이 닿아서 금방 불이 번졌고 손님이 발견하지 않았다면 하마터면 정말이지 큰일 날 뻔했다. 부탄가스에라도 불이 닿았다면 대참사였을 것이다. 또 한 번 화를 면했다.

쾌활한 남자 손님은 "하루에 불 구경을 두 번 볼뻔 했어요!" 쿨하게 웃으셨다.

서원님도 나에게 와서 "손님이 뭐라는지 알아? 하루에 불구경 두 번 할 뻔 했는데!" 푸하하 웃었다.

됐다. 됐다. 침착하고 마감을 하자.

건우님은 마감 끝에 가서 어떤 외압도 없는 평온하고 고요한 상황에서 혼자 서 있는 고량주 잔을 떨어뜨려 깸으로써 그날의 방점으로 부서진 유리를 찍었다.

"하… 오늘은 진짜 뭔 날은 뭔 날인가 봐요."

뭔 날이어도 문제가 없었으면 된 거다. 나는 그렇게 생각했다.

"치우면 되죠! 어쨌든 결과가 됐으면 된 거예요! 그죠?"

집으로 돌아왔다.

"오늘 무슨 일이 있었는지 아세요? 가게 앞에 신라스테이 알죠? 거기에 불 나서 소방차 엄청 오고 난리 났었어요!" 드라이하던 지혜를 붙잡고 오늘에 있었던 일을 말했다. "그 사건은 10대가 저지른 방화래요!"

드라이 중인 지혜를 멈추고 방화자가 누구인지도 알려줬다. 그러나 나는 그 외의 돌발적인 사건들을 어디서부터 어떻게 말해야 할지 몰랐다. 그리고 지혜는 왜 붙잡고 있는 건지. 그 사실을 자각한 나는 지혜를 다시 다이슨에게 돌려보내 줬다. 휴, 그래도 무사히 하루가 끝났다. 어쨌든 조용히 끝났으면 뭔 날이어도 된 건 된 거다.

퇴사를 고려함

서원님이 본격적으로 매니저 업무를 시작했다. 원래 매니저 역할을 맡았던 대엽님은 1, 2호점을 왔다 갔다 하며 2호점에는 금요일, 토요일만 나온다고 했다. 4명에서 3명이 됐고, 대엽님에서 매니저 수습의 서원님으로 기둥이 바뀌었다. 그뿐만이 아니었다. 체계의 변화도 있었다. 본래 매니저가 10시에 퇴근하던 것이 9시 퇴근으로 한 시간 앞당겨졌다. 마감을 4명에서 2명이 하는 것으로 바뀐 것인데 체감상 몸이 두 배로 힘들었다.

서원님이 1층, 건우님이 2층, 내가 1, 2층을 오가면서 일했다. 1층에서는 서빙과 퇴식, 손님 안내를 2층에서는 2층에서 하는 일을 하면서 계단을 오르내리느라 무릎이 시렸다. 감정적으로도 스트레스가 있었다. 1층 마감을 먼저 마치고 시간이 남으면 2층 마감까지 도와주던 매니저 역할이 이제는 9시 땡하면 가게 돼서 다 떠넘기고 간다는 인상을 받을 수밖에 없었다.

게다가 나는 1층 마감을 해본 적도 없었다. 그냥 말로 대충 "이거 하고 저거 하고" 식의 설명을 듣고 해야 했는데 전임자가 마감하는 모습을 눈으로 보는 것 없이 처음 하려니 좀처럼 갈피가 잡히지 않았다.

게다가 그 시간에 2층 마감을 하는 건우님도 빼놓는 것이 있어서 사실상 1, 2층 전체를 하나하나 다 확인해야 했다. 도대체 누가 매니저인지 알 수 없었다.

서원님에게는 업무가 버겁지 않을까 싶었는데 실제 그랬다. 사람 마다는 나름의 공간 용량을 가지고 있다. 주문을 받으면 빈 공간에 주문을 넣고 처리한다. 손님에게 받은 주문을 넣었다가 포스기 앞에서 빼서 쓰는 것이다. 그렇게 슬 때마다 공간 용량이 줄고, 통이 찬다. 그 통이 다 차면 그때부터 문제가 발생한다.

방금 들은 것도 기억이 나지 않고, 본인이 말한 것도 기억이 나지 않으며, 자신의 귀를 의심하게 되고, 결국 자기 자신을 의심하게 된다. 자신의 기억에 확신이 서지 않고 불안해진다. 존재는 불안으로 부글부글 끓고 100도에 다다르면 안절부절하지 못한다. 실존의 위기가 찾아 온다. 나는 누구이고, 여기는 어디인가?

거기에 누가 작은 요구만 해도 "자리 좀 이동해도 될까요?" "자리 이동은 안 되세요." 좋은 소리가 나오지 않는 것이다. 100도의 사람은 멘탈을 잡느라 바쁘다. 누구든 그렇다. 그런 사람은 붕괴 대신 차악을, 조금 거칠어지는 쪽의 차악을 택한다.

내가 보기에 서원님은 종일 근무 이틀이면 공간의 통이 다 차는 것으로 보였다. 그러면 일은 차고 흘러넘쳐 옆으로 넘어오게 마련이었다. 돈을 더 받는 것도 아닌데 왜 일은 두 배로 해야 하는 걸까. 그것도 변변찮은 시급을 받고서 말이다. 나는 해보다 안되면 말하고 타협점을 찾지 못하면 그만둬야겠다고 생각했다. 과중한 업무로 실제 무릎과 뇌에 손상을 입었는데 지금은 나도 익숙해지는 중이니 조금만 참고 기다려보자고 스스로에게 말했다.

그렇게 월, 화, 수 그리고 목. 목요일 상황은 뻔했다. 나는 모든 걸 포기한 상태였고 서원님은 스트레스 때문인지 아침까지 술을 마셨다고 했다.

"내가 미쳤지!"

오케이. 좋다. 한 번 해보자. 오히려 그녀의 심리 상태는 알코올의 다량 투여로 개선된 듯 보였다. 이제 뭐가 어떻게 되어도 좋다는 투였다. 나는 서원님을 원망하지 않았다. 사람의 문제가 아녔다. 체계가 있고 그것을 구성하는 요소가 있으며 거기에 투입된 구성원의 역량이 미치지 못

하는 구조의 문제였다.

그리고 나는 어느 정도 내가 해야 한다는 책임감도 가지고 있었는데(최저를 받으면서) 그것은 언제나와 같이 보상 없이도 묵묵히 일하는 머슴 근성이 뿌리 깊이 박혀있었기 때문이다. 서원님은 부자였고, 나는 나의 표현대로라면, 아무의 지원 없이 15년을 살았다. 그말은 즉, 부조리한 밸런스 붕괴를 여러 번 맞으면서도 여기까지 왔다는 것이었다. 우육면관의 마당을 쓸 사람은 나였다.

또한 나 자신의 짜증을 누그러뜨리기 위해 번잡한 변증법을 사용하기도 했다.

"그녀는 사람이잖은가? 사람이면 누군가의 형제자매이지 않은가? 자, 내 동생이라고 해보자. 내 동생이고 업무를 버거워한다고 해보자. 그럼 도와주는 수밖에 없다."

그리고 관장님은 사람을 한 명 더 뽑는다고 했으니 일단 기다려 보자.

영업을 시작했고 밖에 대기하던 다섯 팀 모두 전골 손님으로 2층으로 올라갔다. 나도 2층으로 올라갔다. 건우님과 나는 한꺼번에 몰려온 손님의 주문을 열심히 받고 서빙을 했다. 하루 마다는 그날의 특징이 있는데 그날은 특히 테이블 회전이 빠른 날이었다. 그만큼 치울 것도 세팅할 것도 많았다. 그리고 종종 1층에 갔을 때 과포화 상태의 서원님은 정신을 차려 하지 못해 했다. 오케이, 1층도 내가 해야지.

시간이 정말 빨리 갔다. 설거지도 엄청 나왔다. 서원님은 전날 마신 술로 힘들어 8시 40분쯤에 먼저 들어간다고 했고 나는 그러라는 수밖에 없었다. 무슨 얘기를 해도 들리지 않는 상태였고 인지도 되지 않는 상황이었다.

9시가 돼서 손님이 모두 나갔을 땐 싱크대에는 엄청난 양의 설거지와 홀에는 방금 나가서 치우지 않은 다섯 테이블의 좌석이 남아 있었다.

건우님과 나는 "오늘은 포기하자."는데 합을 맞췄다.

"오늘은 무조건 11시인데요."

건우님이 웃으면서 말했다. 1층도 된 게 없었다. 8시 반까지 나온 수저 핸들링만 돼 있었다.

자자, 포기하고 해봅시다.

그러면서도 건우님과 나는 매일 아침 이런 점, 저런 점마감이 미흡했다는 보고를 사진과 함께 받았다. 오전 조에서 보내는 그것은 우리와 마찬가지로 오픈 준비를 하는 사람이 한 명 빠져서 나오는(매니저 출근 시간이 1시간 늦춰지기도 했다) 불평의 일종이었다. 1층 마감은 배운 적도 없고, 2층 마감은 앞서 언급한 바와 같아서 놓치는 것이 있을 수밖에 없었다. 그리고 나는 당연히 전체를 다 볼 여력이 없었다.

주방 분들이 퇴근하면서 "인교님 힘들지 않으세요?" 물었다.

"개 힘듭니다."

포기를 하니 마음은 편했지만 마감만 2시간, 정말 11시가 다 돼서는 조금 짜증이 났다. 결국 11시에 퇴근을 하고 마감 체크리스트를 우육면관 단톡방에 올리니 관장님께 전화가 왔다.

"괜찮으세요? 지금 올라온 거 보고 놀라서 전화 드렸어요. 10시 반이면 넉넉할 거라고 생각했는데."

"아뇨! 10시 반이면 건우님이랑 저랑 숨도 못 쉬고 일하는 시간입니다!"

"빨리 개선하도록 하겠습니다. 내일 네 명 면접 보기로 했고요. 아무튼 고생 많으셨습니다."

"괜찮습니다!"

과도기이고 신입이 들어오기까진 어찌할 수 없는 거지, 하는 이데아의 세계에서 현실을 개념적으로 파악하고 그것으로 감정을 평가하는 플라톤식 사고방식은 고용주들이 좋아할 만한 것이었다. 그러나 내가 가진 최종의 패 하나는 이 상황이 지속되면 퇴사를 하겠다는 것이었다.

책 얘기가 나와서 말인데……

금요일은 서원님의 휴무로 대엽님이 나왔다. 서원님의 매니저 역할을 나흘 함께 히면서 조금 적응은 됐지만 대엽님과 하면 어떻게 다를지 궁금했다. 일단 대엽님은 물리적으로 1층에 대들보처럼 서 있는 게 믿음이 갔다.

역할은 같았다. 1층 대엽님, 2층 건우님, 나 왔다 갔다. 일단 대엽님은 관리자로서의 마인드를 갖고 있었다. 우육면관이라는 프로토스 세상에 본인이 캐리어라고 말했다. 따라서 인터셉터들은 대엽 선장이 쏘라는 데를 뿅뿅 쏘면 되는 것이었다. 그것이 대엽님의 관점이었다. 영업을 시작하면서 손님 안내도 본인이 문을 열고 직접 했다.

지난 나흘간 나는 이어버즈를 착용하지 않았다. 앞서 말한 바와 같이 우리 가게는 1, 2층이 나뉘어 있어 층마다 한 사람씩 버즈를 끼고 통화를 하는데(예약자분 오셨습니다, 한 분 내려와서 도와주세요 등등) 전자파와 멀티태스

킹에 약한 나는 버즈를 끼는 것이 극히 싫었다.

우육면관에서 유일하게 싫은 것이 버즈 사용이었다. 끼고 있으면 이어플러그를 낀 듯 한쪽은 들리지 않아서 바로 앞에 손님이 말하는 것도 알아듣기 힘들었고, 또 눈앞에 있는 것보다 이어폰에서 나오는 1층의 소리가 가깝기 때문에 한 겹의 소리벽을 세우고 그 너머로 눈앞의 소리를 듣는 것은 구토감과 어지럼증을 유발했다.

전자파라면 뭔 소리냐고 하겠지만 나는 실제 그것을 느낀다. 이어버즈를 끼면 혀끝이 마르고 살짝 말리는 느낌, 전자레인지 속 수분이 꼭 그럴 것 같은 전자기적 파동에 의한 일련의 정렬이 피부에 전달됐다. 그래서 차라리 계단을 한 번 더 오르내리자란 마음으로 버즈를 사용하지 않았는데 대엽님과 일하면서는 꼈다.

하루쯤이야.

영업 시간엔 특별히 다른 점은 없었다. 버즈를 끼고 있어서 머리가 얼얼하다는 것만 빼고는. 다른 건 마감이었다. 8시 반쯤 나는 내려가 대엽님께 마감하는 법을 몸으로 배웠다. 마감하는 순서, 하는 방식, 이거 하고 저거 하고 그다음에 하는 것을 말이 아닌 눈으로 직접 보면서 배웠다.

대엽님은 워낙 손에 익기도 했고 1층 손님도 일찍 나가서 9시가 되니 거의 1층 마감 대부분을 마칠 수 있었다. 뭐지? 그러면 서원님은 그동안 뭘 하고 있던 거지? 그런 생각이 절로 났다.

"······이러면 이제 다 한 겁니다. 화장실 청소는 제가 할게요."

아무리 손님이 늦게 나갔다고 한들 해놓을 수 있는 게 많았다.

"금방··· 하시네요? 그럼, 아니, 그동안 서원님은 뭘 한 거죠?"

그런데 그런 건 있었다. 지금 대엽님과 나는 식사를 하지 않았고 서원님은 이쯤 되면 식사를 하고 퇴근을 했다는 것이었다. 그렇게 생각하면 또 할 수 없기도 했다. 매니저가 수당 없이 도와주겠다고 연장근무를 하지 않는 이상. 나도 그런 건 바라지 않았다.

10시쯤 1, 2층 마감이 끝났다. 30분 내지 한 시간 줄어든 시간이었다. 금요일이었지만 손님도 일찍 나갔고 대엽님이 끝까지 도와준 것도 있었다. (대엽님은 근무 시간이 넘어서도 같이 있었다.)

모두 끝내고 나서야 우리는 식사를 함께했다. 점심에 직원식으로 나온 새우계란탕이었는데, 비주얼은 울면 같은 것이 손가락 세 개 만한 타이거 새우가 통으로 들어가 있었다.

맛이 참 좋았다.

"이건 진짜 팔아야 돼요!"

대엽님은 그렇게 말했고 나도 동의하는 바였다. 강 팀장님은 영업이 끝나고 요리개발을 위해 앉아 계셨다. 우리는 일 관련해서 이야기를 나눴다. 나는 직원 식사에 관한 애로사항을 이야기했는데 식사시간에 대한 가이드가 있으면 좋겠다고 했다.

"메뉴를 고르는 것도 이상하고, 실상 그건 주방 분들에게 업무를 부과하는 거기 때문에요. 그리고 식사시간도 언제 하는 게 좋은지 알려주시면 좋겠습니다."

강 팀장님은

"좋은 게 좋은 거라고(메뉴 고르는 것도) 그렇게 시작했던 건데. 이제 메뉴 고르고 그런 건 없어질 겁니다. 주방 인원 충당되면 점심때처럼 직원식 하는 시간 30분씩 생겨서 저녁에 먹을 거 준비할 거고요. 식사시간 관련해서는 관장님과 이야기하고 알려드리겠습니다."

내가 그 이야기를 꺼낸 것은 대엽님이 식사 관련해서 8시 30분 전에 먹는다면 주방에서 커튼을 치고 먹어야 한다고 오늘 그랬고, 그렇다면 춥기 그지없는 2층 주방에서 서서 먹으란 것인데 가급적 먹지 말라는 것으로 들렸다.

그런데 서원님은 8시쯤이면 밥 뭐 먹고 싶은지 물었고, 주방의 정훈님은 "우육밥이나 우육면 드시고 싶으면 8시 이전에 말해주시면 미리 퍼 놓겠다." 라고 해서 8시 반인지, 8시인지, 8시 전인지 확실한 게 없었다.

하여튼 매니저마다 달랐고 나는 9시에 퇴근하는 주방 분들이 한참 마감하는 시간에 식사를 달라고 하는 것도 어딘가 모양새가 맞지 않다는 느낌이었다. 주방이 편한 대로 준비할 수 있는 시간에 식사를 받고 싶었다. 당연히 메뉴 고르기도 없고.

어쩌다가 강 팀장님의 전 직장 이야기가 나왔는데 마케팅, 광고 등으로 여초 회사만 다니다가 바로 전 직장에 남초 회사를 다니고 최단기간 퇴사를 했다는 것이었다. 그런 얘기를 들으니 긴 머리에 버벌진트를 닮고 누가 봐도 멋있는 발성을 가진 강 팀장님에게 어딘가 여성적인 면모가 느껴졌다. 씩씩하게 말하는 방식 안에 뼈가 되는 심지가 섬세하고 여성적이었다.

며칠이 지나서 나는 또 강 팀장님과 이야기를 나눌 수 있었는데 그때 나온 것은 다름 아닌 글이었다.

"제가 관장님께 살짝 들으니 인교님 글 쓰신다고. 혹시 어떤 글을 쓰시나요?"

음식물쓰레기 스티커를 찾으러 가던 나는 잠시 멈춰 서

서 뭐라고 말해야 할지 고민했다.

"소설이요."

"소설이요? 오, 그러시구나. 어떤 장르의 소설을 쓰세요?"

"전통적인 소설을 씁니다. 사실적인 분위기로, 상상력을 많이 요구하는 그런 건 아니고요."

"아, 장르 소설은 아니시란 거죠? 저도 사실 책 읽는 걸 좋아해서. 취미가 독서고요. 읽으려고 사놓은 책도 많습니다. 사회생활 시작도 그런 디지털 콘텐츠 관련해서 시작했어요."

그리고 알고 보니 친척 중에는 메이저 출판사에서 등단한 시인도 계시다는 것이었다. 나는 곧바로 돈 얘기를 꺼냈다. 책이 돈과 어떻게 연결되는지 나는 오직 그것밖에 관심이 없었다.

"벌이는 괜찮으셨데요?"

쉽지 않으셨다고. 사실상 책으로 버는 수입은 없었고 강연 등 부수적인 수입이 있었다고.

"저는 아예 포기를 했습니다."

두 가지 면에서였다. 내 책이 편집자의 동의를 얻어 출간되는 것, 책이 출간됐다고 돈을 버는 것, 이 두 가지. 내 소설의 약점은 소설이 포괄하고 있는 외로운 인물상을 제외하곤 공감대를 형성할 수 없다는 것이었고, 보통에 나와 다른 누구를 이해하기 위해 사람은 머리를 쓰지 않는다고 나는 지금까지의 경험에서 판단했다.

"그럼 저희랑 끝까지 가시죠! 하하하하!"

"예! 뭐… 네! 하하!"

나는 장편 소설 〈농악〉을 이해하기 쉽게 제목도 〈신체적으로 무기력하고 의미적으로 무의미하며 감정적으로 환멸인 한 남자와 그의 낭만적인 선의〉로 고쳐야 할지 고민했다. 그리고 1장부터 부제를 달아

1장. 현대의 정신적 건축술과 지반이 약한 남자 이야기

2장. 역할 없는 영혼의 슬픔

3장. 우리는 왜 무엇을 하는가

4장. 늘어나는 입

5장. 돈 버는 사람들 등

뜻하고 상징하는 내용 모두를 노골적으로 내비쳐야 할지도 고민했다.

원고를 읽어본 어느 분은 "농악을 좀 알고 쓴 거냐"는 질문을 던졌는데 농악을 알고 썼느냐는 질문을 받은 나는 과연 독자들이 그에 대한 답을 텍스트에서 구하지 않을 것

이란 점을 깨달았다.

어떤 이는 이것이 "농악에 관한 것인 줄 알았지만 결국 그것과 관련 없다는 걸 알았어."라고 얘기하기도 했는데 왜냐하면 농악과 관련 없음이 여러 차례 서술돼 있어서 스스로 그런 답을 구할 수 있었기 때문이다. 하지만 그것을 독자에게 바라는 건 무리였다. 누구는 이 장편이 끝까지 농악, 국악, 음악에 관한 것이고(꽹과리와 북이 나온다는 이유로) 그래서 기존 농악 백과사전식 지식에 부합하지 못하면 이야기가 성립되지 않는다고 판단 내릴 것이었다.

그를 위해 나는 작품을 뭉개면서 베갯속 솜털을 파헤치듯 속을 파헤쳐놔야 하나 하는 고민했던 것이다.

그것도 나쁘지 않겠다.

그러나 나는 차라리 아무 책을 내지 않고 소설의 결말처럼 미지의 작품으로 땅에 묻히는 게 낫지 않겠나, 빛을 보는 것보다 그림자 속으로 사라지는 게 낫잖을까, 하고도 생각했다. 피차간에 혼란을 야기하지 않기 위해서 말이다.

시스템의 변화가 힘들다해

새로운 변화는 곧장 영향력을 발휘하지 않고 서서히 우리를 변화시키는데, 그러므로 이미 무언가 잘못됐음을 인지했을 때는 손쓸 수 없이 늦어버린 상태이고 원인이 무엇인지 분별하기도 어렵다.

우리를 약하게 만든 요인이 무엇인지 모르기 때문에 결국 사람은 잘못된 길을 계속 걸어야 하고, 설상가상 익숙해졌다는 이유로 폐해를 손 놓게 하기 어렵게 하며, 미련이란 인간의 또 다른 이름이기도 하다.

시스템의 변화 이후 열흘이 지났을 때부터 지능의 저하가 뚜렷했다. 과도한 업무 탓일 수도, 이어버즈의 사용 탓일 수도, 모자의 착용 탓일 수도 있었다. 4시부터 11시까지 일일이 확인해야 하는 긴 과정은 어쨌든 업무적인 무리를 줬으며, 버즈는 앞서 말한 바와 같고, 모자 이것은 머리에 열이 많은 신체 특성상 두통을 유발해 집중력을 저하했다. 나는 무엇이건 뭘 씌운다거나 막는다거나 하면 휴지로 쑤셔 막고 숨을 쉬는 것처럼 불편해했다.

수요일, 드디어 한 분이 더 왔다. 피크타임 6시에서 마감 11시까지 근무라는 그분을 믿는 수밖에 없었다. 내가 확인할 가짓수를 십 분의 일만 줄여줘도 성공이었다.

전직 경찰의 선우님은 당장 발현되지 않은 변화로 우육면관에 왔고 아직 오지 않은 미래를 천천히 불러오고 있었다. 그 미래가 지능의 완만한 상승일지 거듭된 추락일지는 아직 모를 일이었다.

씩씩하고 군기가 바짝 든 선우님은 적극적으로 할 것을 물으며 함께 일하기 좋은 태도를 보였다. 오히려 문제가 있는 쪽은 나였다. 1, 2층으로 바삐 움직이는 나는 혼비백산하며 선우님을 제대로 가르치지 못했다. 도맡아 알려준 사람은 건우님이었고 나는 틈이 나는 대로 "이건 이렇게 하시면 됩니다." 빠르게 말하고 사라졌다. 건우님도 아직 완벽하게 하는 것은 아니어서 일을 어떻게 하는지 시범 보이고 싶었지만 그럴 시간이 없었다.

어느덧 9시 영업 종료, 우리는 손님이 다 가고 나서야 처음으로 의자에 앉을 수 있었다. 저녁으로 미역국과 소시지 야채 볶음이 나왔고 역시나 일하고 먹는 밥은 꿀맛이었다. 쇠고기 가득한 미역국을 두고 그제야 선우님과 제대로 된 이야기를 나눴다.

"첫날인데 어떠셨어요? 괜찮으셨어요?"

알고 보니 수원 사람이고

"저도 수원이 제2의 고향입니다!"(나)

신림에서 다니신다고.

"관악이면 좀 멀지 않으세요?"

"지하철 타고 하면 다닐 만합니다. 1시간 정도 걸려요."

대단히 부지런한 분이셨다. 아침 일찍 일어나 로스쿨 공부를 하고 저녁에 여기를 출근할 것이라고 했다. 집도 먼데 공부도 하고 일도 한다니. 알고 보니 경찰직을 퇴직한 것도 불과 얼마 전의 일이라고 했다. 곧장 일자리를 잡은 것이다. 보기 드물게 성실한 분이셨다.

어딘가 관료 세계의 요직에 앉아 있을 것 같은 인상의 선우님에게 "장교나 요직의 분위기가 풍기신다."고 하니 자신은 허당이라고 하셨다.

식사도 조금만 하셨고 "저녁에 많이 먹으면 다음 날 힘들어서요." 건우님과 나는 머슴밥을 먹었다. 선우님만 적응하면 일이 잘 풀릴 것 같았다. 어른스러운 선우님은 나이도 있고 해본 것도 많아(무려 도둑 잡는 경찰!) 믿음직했다.

그러나 다음날, 선우님의 이득을 볼 것도 없이 나는 1층으로 내려갔다. 1층 바테이블 안에서 매니저가 하던 일을 내가 맡게 된 것이었다. 손님 안내, 교통정리, 전화 받기, 서빙 등의 1층 일을 혼자서 했고, 결론만 말하면 이게 나았다. 자잘하게 하는 일도 많고 쉴 틈도 없긴 하지만 그래도 나는 혼자 일하는 것을 선호했다.

1층의 어려움은 서너 개의 일이 순간 중첩되는 경우가 있다는 것이었는데, 전화가 오는 동시에 손님이 주문을 받아달라고 하고 다른 데선 고수를 달라고 하며("많이요!") 그 순간 새로운 손님이 문을 박차고 들어온다.

"밖에 대기가 있어서요! 대기표 작성 먼저 부탁드릴게요!" 그렇다면 일순간 일의 중요도에 따라 순서를 정하고 처리해야 한다.

"예약하셨다고요? QR 체크 먼저 부탁드릴게요. 네, 고수드리겠습니다. 주문 도와드릴까요? (전화가 맨 나중이고 안되면 받지 못한다. QR 체크는 귀로 확인한다. 주문받은 것은 포스에 찍는다.) 예약자분은 우측 계단으로 올라가시면 되세요! 화장실이요? 화장실은 돌아서 이쪽으로 가시면 됩니다(고수를 담으면서 말하는 중)."

중첩의 순간 그것을 현명하고 똑똑하게 정리하는 게 1층의 일이었다. 얼마나 잘 하느냐에 따라 손님도 좋고 같이 일하는 사람도 편했다. 이게 잘 안되면 정말이지 모두

가 힘들었다.

어려움이 있건 없건 간에 나는 내가 스스로 중심을 잡고 일을 진행할 수 있다는 점, 책임이 내게 달렸고 타인의 간섭 없이 진행할 수 있단 점, 그래서 내 기준에 최적의 솔루션을 적용할 수 있다는 점이 나는 좋았다.

동료를 존중해 그에게도 해답의 기회를 제공해야 할 의무도, 누구에게 특정 안의 더 나은 편의성에 대해 설득해야 할 의무도 없었다. 나는 단독으로 독단을 부릴 수 있었다. 내가 바라는 것은 오직 효율과 능률, 수월함이었다.

그럼으로써 선우님 교육은 자연스레 내 손을 떠났다. 그리고 원래 오늘 목요일에는 삼자대면이 있던 날이었다. 무슨 삼자대면이냐? 나, 대엽님, 서원님 간의 삼자대면이었다. 서원님을 두고 그런 일을 여태껏 숨겨왔던 것이냐? 그렇다. 우리는 셋이 얼굴을 보고 할 말이 있었다.

그러나 서원님은 오늘 나오지 않았다. 얼마 전 만난 친구가 코로나 양성이 나와 PCR 검사를 받아야 한다고. 그리하여 내가 처음 1층을 잡은 목요일은 대엽님이 나왔다. 삼자대면은 그다음 날에 있었다. 우리는 가게 앞에서 이야기했다. 기온이 조금 오른 온화한 겨울날이었다.

"자, 우리가 이야기할 건……." 대엽님이 포문을 열었다. "제가 본 것도 있고 인교님이 본 것도 있고 해서. 인교님이 보신 걸 먼저 이야기해주세요."

요는 서원님이 매니저를 잡은 지난 2주 동안 그간 없었던 서비스 직원의 태도 문제에 관한 리뷰가 올라왔다. 손님들은 콕 찍어 '여직원'이라고 했고 무슨 이야기를 하는 것인지 이해 간다고 나는 대엽님에게 말을 한 상황이었다.

"1층 업무가 어느 순간 여러 개가 겹칠 때가 있는데 그 순간 서원님이 당황을 해서 무슨 말을 할 때 부탁드립니다, 죄송합니다 식이 아니고 명령 조로 이거 해라, 저거 해라, 가 나온다.

똑같은 내용을 얘기해도 어떻게 말하느냐에 따라 받아들이는 사람은 천지 차이인데 손님은 서원님 상황 같은 건 안중에도 없다. 저도 왔다 갔다 지나가면서 본 거지만 그런 모습이었다."

"제가 본 것도 그거예요." 대엽님의 말에는 사투리가 섞여 있었다. "뭐 해주세요, 할 때 주세요^ 주세요~ 뭐 애매하긴 한데 약간 명령조라는 거지."

서원님은 듣기만 하며 "이 일이 나한테 안 맞나?" 한숨을 내쉬었다.

"서원님을 알면 괜찮은데 모르면 기분 나쁠 수 있어요. 어찌 됐든 이런 말이 나왔으니 고쳐봐야겠죠."

서원님은 직설 화법에 의도가 불분명한 가르치는 말투

를 가지고 있었다. "손님 이건 이렇게 해야 돼요~ 손님 그러면 안 돼요~" 식의. 본인이 불리하거나 바쁜 상황에서 특히 그랬다. "응~ 그건 아니고 이렇게 해야 돼요~" 그런 말을 듣고 기분 좋을 사람은 없었다.

본인 스스로도 힘들 것이었다. 리뷰는 대충 나쁘다, 안 좋다, 가 아니라 일목요연하게 잘못된 점을 꼬집어 말했다. 상처를 받지 않는 게 이상했다.

"버거워서 그래요. 일이 버거워서. 일단 해봅시다."

하지만 나는 삼자대면을 하고 난 후에도 "준비는 건우가 다 했겠지?"라고 하는 것을 보고 글렀다고, 이런 문제는 계속될 거라고 직감했다.

그러나 나는 거기에 대고 누가 했을 거라고 짐작하지 말고 본인이 직접 확인하라, 관리자는 서원님이다, 라고 말할 수 없었다. 서원님은 무엇을 더 들을 수 있는 상황이 아니었다.

이제 내가 1층이고 서원님이 1, 2층, 건우님과 선우님이 2층이었다. 받는 돈은 똑같은데 일이 자꾸 느는 것 같아 좀 그랬지만 그래도 1층 업무가 나았다. 혼자 하면 쓸데없는 말을 하지 않아도 돼서 좋았다.

금요일, 가게 앞은 영업 시작 전부터 대기 손님으로 가득했다. 주방의 장 팀장님은 "워. 대기가 왜 이르케 많냐!

예쓰!!(?)" 탄성을 지르고 주방으로 갔다.

손님에 손님에 손님에 손님에 배달에 전화 포장. 2층으로 올라간 서원님은 표정부터 훨씬 편해 보였고 간간이 1층으로 내려와 나를 잘 도와줬다. 내가 붙잡는 경우도 있었다.

"가지 마! 가지 마! 포장, 포장, 포장만 잡아줘요. 고수 두 개에 오이소채 하나 펴야 돼요."

급한 건 이제 나였다. 나는 버즈를 쓰지 않고 생폰으로 전화 연결을 했다. 생폰은 수화기의 범위 즉, 말소리를 모으는 원의 크기가 작아서 2층에서 끼고 있는 사람에게 소음이 덜 들어갔고, 나도 영업 내내 귀에 뭘 꼽고 있지 않아도 돼서 일이 잘됐다. 나는 필요할 때에 보통 전화 통화를 하듯 핸드폰을 들어 말했다.

"건우님, 예약 손님 네 분 올라가십니다. 13번이요."

오랜만에 사백이 넘었다. 저녁 기준 이백십 정도. 최저를 받고 하는 일치고는 좀 많단 말이지? 서원님은 심장이 누가 꾹꾹 누르는 것처럼 아프다고 했다.

"병원 가야 돼요! 심장이 아프면 병원 가야죠!"

"원래 공황도 좀 있고. 파리에서 공황 때문에 고생 좀 했지. 진짜 별의별 일이 다 있었어(서원님은 프랑스 파리에서 대학을 나왔다)."

그 말을 들은 나는 서원님에 대한 업무적 기대를 버리기로 했다. 심장? 스트레스 때문이지. 이미 과한 것이다. 몸이 말하고 있었다. 서원님이 어느 정도 해주기를 바라지 말고 내가 나서서 해야겠다. 이곳의 실질적 장은 알바 두 달째인 나였다.

설날, 충주

관장님이 사무실로 20분만 일찍 나올 수 있느냐고 했다. 매니저 얘기를 하시려는 걸까? 역시 그랬다. 진중식품은 매니저 제안을 했다.

"저는 제 느낌을 믿고 인교님에게 그런 느낌이 있어서 이렇게 제안하는 겁니다."

하지만 역시나 관장님도 염두에 두고 계셨듯 '시간'이 걸림돌이었다. 휴게 포함 3시간 30분 정도 근무 시간이 늘어나는데 그 시간만큼 글 쓸 시간이 없어지는 것이었다.

솔직히 말씀드렸다.

"지금까지 생각한 건 역시나 일하는 동안 매니저처럼 일하고 책임을 지고 하는 건 가능하지만, 시간을 더 늘리는 건 어렵지 않을까 하는 거였습니다. 그래도 어렵게 말씀해주셨으니 다시 생각해보고 말씀드리겠습니다."

그래서 나는 설 연휴 동안 천천히 고민해보기로 했다.

설 명절을 맞아 충주로 내려갔다. 코로나 시국을 이유로 터미널은 한산하기 그지없었다. 평소라면 북적이고 당일 표를 구할 수 없었을 현장은 당장 30분 뒤의 표도 구매할 수 있었다. 차도 막히지 않았다. 1시간 40분, 정 시각에 도착했다.

어머니가 식사를 하지 않았다고 하셔서 롯데리아에서 햄버거를 사 갔다. 한겨울에 어머니는 어김없이 야채, 과일을 필고 계셨고 청과의 온도를 유지하기 위해 추위에도 가게 문을 활짝 열고 거리와 다름없는 곳에서 몸을 녹이고 계셨다. 나는 금방 한기를 느꼈고 햄버거도 금방 식었다. 햄버거를 먹으면서도 중간중간 2천 원, 3천 원을 팔기 위해 나가야 했다. "대파 한 봉이요? 2천 원이요. 네, 감사합니다!"

감자튀김은 너무 딱딱하게 굳어 먹을 수가 없었다. 두어 점 먹고 버려야 했다. 나도 장사를 도왔다. 물건의 가격을 배우고 어머니가 파는 것을 도왔다. 손발이 차다 못해 아리기까지 한 온도였다. 바지를 홑겹으로 입고 와서 너무 추웠다.

그날은 바나나가 잘 팔렸다. 동남아, 중동 출신의 노동자들이 바나나를 많이 사 갔다. 어머니의 단골손님 중에는 중동과 인도, 파키스탄, 아프리카 사람들이 많았다.

두어 시간 그렇게 밖에 있으니 오한이 느껴졌다. 심부 체온이 낮아진 나는 피할 곳 없이 덜덜 떨었다. 어머니는 매일 이렇게 일하셨다.

매니저를 해야지. 직장을 갖고 어머니를 도와야지.

막내 문교에게 전화가 와서 "바꿔주겠다."고 했다. 바톤 터치하듯 "어! 인교형!" "너 춥게 입고 온 거 아냐?" 교대를 하고 안집으로 들어가 지완이를 봤다. 둘째 승교의 아들 지완이는 15개월 되는 씩씩한 남자아이였다.

"제수씨, 안녕하세요! 잘 지내셨죠?"

제수씨가 돈가스와 쫄면을 시켜줬고 나는 어머니와 문교가 있는 가게에 쫄면을 배달했다. 문교는 채식을 해서 돈가스를 먹지 않았고 어머니는 그냥 쫄면만 먹고 싶다고 해서 돈가스는 가져가지 않았다.

저녁 8시가 다 된 시간이었지만 어머니는 물건이 많이 남아 차마 정리하고 들어갈 생각을 못 하셨다. 제수용 사과가 열 상자 이상 쌓여 있었다. 원래 우리집 옆집에서 청과를 하고 있었다. 그 집은 본래 금은방이 많던 이 거리에 몇 년간 고생해서 자리를 잡았고 어머니는, 빚이 억대로 불어난 어머니는 그것을 보고 돈이 되는가 싶어 따라서 청과를 팔기 시작했다.

옆집과의 갈등은 면할 수 없었다. 몇 년간 심한 다툼이 있었고 지금은 조금 안정기(?)였다.

옆집은 늘 손님이 바글바글했다. 어머니는 옆에서 장사 잘 되는 걸 보면서 자신의 남는 물건에는 근심을 갖는 상황이었다.

몇백 원 떼기의 청과로 빚은 갚아지는 것인지 아닌지 어쨌든 어머니는 몸은 몸대로, 옆집 장사 잘 되는 걸 보면서 마음은 마음대로 고생을 하셨다.

매니저를 해야지. 글은 포기하고 돈을 벌어야지.

퇴근한 어머니는 오자마자 제사상을 준비했다. 문교가 옆에서 요리를 도왔다. 나는 여전히 오들오들 떨었고 침대로 들어가 누웠다. 두꺼운 이불을 덮어도 추워서 장롱에서 이불 하나를 꺼내 두 겹으로 덮었다. 이불이 무거웠다. 밖에선 요리하는 소리가 들렸다. 문교는 씩씩하게 어머니의 제사 준비도 도왔는데, 동생은 줄어들지 않는 나무처럼 꿋꿋하게 어머니 옆에서 도와주는 게 성자 같았다. 문교는 한 마디 불평을 하는 적도 없었다.

글은 다 뭐였을까? 진작에 다 집어치우고 일을 했더라면 지금쯤 문제를 해결했을 텐데. 왜 괜히 이런 길에 빠져서 이렇게 다 힘들어야 할까?

밤새 오들오들 떨면서 그런 생각을 했고 생각의 양만큼 밖에는 눈이 많이 내렸다. 넉가래로 눈을 미는 소리가 났고 새벽이었다. 엉기적 일어나 제사를 지낸 나는 대문 밖으로 나가 지방을 태웠다. 눈송이 사이로 아버지의 지방이 불에 타올랐다.

비비고 만두로 끓인 떡국을 가족이 모여 옹기종기 떠먹었다. 어머니는 소고기 산적이 빨간 이유를 설명했다.

"소금, 후추를 넣고 다 잘하다가 나도 모르게 고춧가루를 넣었지 뭐야? 왜 넣었는지 나도 모르겠어."

"표고는 왜 이렇게 많아요?"

"표고버섯이 있길래 그냥 다 넣었어."

승교는 버섯이 "진짜 고기 같다."고 했고

문교는 "표고 향이 나서 좋다."고 했는데 솔직히 표고는 많기도 너무 많아서 나는 아무 말도 하지 못했다.

돼지 수육을 집는 어머니에게 "지방이 너무 많은 부위는 지방을 떼고 드셔라." 라고 했더니 어머니는 그냥 비계를 있는 그대로 다 드셨다.

채식하는 문교는 본인이 만든 쪽파전에 간장을 찍어 먹었고 고사리, 시금치, 무 나물을 곁들여 먹었다. 나는 무나물을 많이 먹었다. 식사 후에는 곶감 하나를 먹었다.

식사를 마친 우리는 가족사진을 찍은 뒤 어머니께 차례로 세배를 올렸다. 장남인 내가 먼저 했다.

"어머니, 새해 복 많~이 받으세요."

어머니는 갑자기 눈물을 흘리셨다. 제대로 되는 게 하나도 없어서 흘리는 눈물이었다. 자식들 뒤를 봐주지 못하는 데에서 오는 미안함의 눈물이었다. 어머니는 종종 "부모가 어리석으면 자식이 힘들다."거나 "자리를 못 잡아줘서 미안하다."는 말을 하셨다. 기울인 관에서 미끄러져 나오는 수은처럼 눈물은 그렇게 쉽게 굴러 나왔다.

우리는 왜 이래야 할까.

승교네는 차를 타고 수원으로 향했고 문교도 따라 탔다. 나는 어머니와 함께 지난 밤 팔지 못한 제수용 사과 열 상자를 반품하러 갔다. 어머니가 간신히 부탁해 받아준 반품이었다. 나는 트럭에 사과 상자를 실어 이불을 두 겹 덮은 뒤, 운전 중 날아가지 않게 상자 밑으로 이불을 꼭꼭 구겨 넣었다.

목행리 거래처로 가는 길 어머니는 자꾸 본인이 새로운 걸 하려고, 가게든 뭐든 더 이쁘게 하려고 돈을 쓰려고 한다는 말을 하셨다.

"내가 좀 진취적인 게 있어서. 어. 그래서 막 하려고 하지. 그런데 사람들은 그냥 아무것도 하지 말고 지금 하고 있는 거나 잘하게끔 하라고 해. 너도 만날 그렇게 얘기하고."

"내가 엄마 배 속에 있기 전부터 하던 말이네요? 어리석어서 그래요. 사람은 어리석어서. 엄마가 지금 하는 일은 10시간씩 서 있어야 하고 힘드니까. 아무래도 그 힘든 걸 벗어나고 싶어서 요행을 바라고 돈을 끌어와서 어떻게 해보려는 거 같아요. 그렇게 하면 뭐 좋은 게 하늘에서 떨어질까 해서. 저는 그렇게 생각해요. 엄마가 지금 과일 하는 걸 못하면 다른 것도 다 못한다고."

지금을 더 잘하려고 노력해보시라. 그리고 이 힘듦은 어머니가 택한 것이고 도저히 안 되겠으면 나에게 주도권을 주고 맡겨보라. 내가 해결하겠다. 어머니를 존중해서 어머니의 인생이니까, 저는 어머니가 스스로 살아갈 수 있도록 그냥 어머니가 하는 걸 돕고 있는 것뿐이다. 나는 이 길이 아니라고 생각하는 걸 알고 계시잖느냐. 하다 안되면 벗어날 길이 충분히 있으시다.

볼 때마다 하는 말이었다.

거래처에 도착해 사과 상자를 내렸다. 거래처 여사장님은 고맙게도 "못 팔아서 어쩌냐."고 어머니를 위로해주셨다. 사과를 착착 쌓아 상회 앞에 두고 우리는 다시 트럭을 타고 나갔다. "새해 복 많이 받으세요! 감사합니다!" 고마움을 담아 진심으로 인사했다.

눈발이 심하게 날리는 터미널 앞에서 어머니는 나를 내려주셨다. 나는 내리면서 말했다.

"엄마…… 할 수 있어요."

작은 체구로 털털 트럭을 몰고 가시는 어머니. 어머니에게는 마스크도 너무 크고, 트럭도 너무 크고, 세상도 너무 커 보였다. 파란 포터는 아무것도 보이지 않는 눈보라 속으로 사라져 버렸다.

서울로 올라가는 버스는 막혔고, 나는 집으로 향하면서 관장님이 부른 급여로 어머니의 빚을 몇 번이고 나눠봤다. 몇 번을 곱해야 그 액수에 다다를지도 역산해봤다.

설 연휴가 끝나고 다시 우육면관으로 돌아왔다. 충주에서의 스트레스와 비교해 봤을 때 매장에서 국수를 나르고 세척된 식기를 닦는 게 그냥 좋았다. 하얀 플라스틱 딱딱한 접시에는 눈물도 인간의 부족함도 또 그걸 함께 견뎌야 할 시간도 없었다. 접시는 그저 하얀 물질이었다. 말이 없는 접시와 욕심부리지 않는 컵들에 위안이 됐다.

그러나 나는 매니저직을 고사하기로 했다. 충주에서 얻은 결론은 그것이었다.

나는 왜 이럴까……?

설 연휴가 끝나고 강추위가 찾아왔고 한 주가 끝나기까지 관장님께는 연락이 없었는데, 강 팀장님께 말씀드린 게 전달된 모양이었다.

"아무래도 어려울 것 같습니다……."

〈밤 끝으로의 여행〉에서의 저자 루이 페르디낭 셀린은 자기중심적이고 천박한 랑시 사람들에게 너른 마음으로 친절과 호의를 베풀어도 그게 무엇인지 모르고 어떻게든 이용해 먹으려는 그들의 절대 개선되지 않는 인간성에 스트레스를 받는다. 가능하면 골수까지 빼먹으려는 사람들에게서 선의는 시험대에 든다.

그것을 나에게도 적용해 봤다. 아주 틀린 말은 아니었다. 나는 어떻게 이득을 보려고 했고 매니저라 함은 나의 이득이 아니었다.

경찰 출동?

결국 시원님이 코로나 양성이 나와 일주일 격리됐다. 회사에서 구매한 자가키트로 직원 모두 검사를 했다. 진원 음성. 식사를 1인만 하라는 지침이 내려왔고 출근부터 퇴근까지 마스크 착용에 유의하라고 했다.

오미크론의 기승으로 가게는 조용했고 건우님, 선우님, 나 셋이서 하는 데 전혀 문제는 없었다. 모음님이라고 그간 언급하지 않은 신입 분이 계셨다. 목, 금은 건우님이 쉬고 모음님이 나오는데 컨디션이 들쑥날쑥하신 분이었다. 예를 들면 목요일 영업 준비는 완벽했다. 그런데 금요일에는 전날과 전혀 다르게 테이블 세팅도 엉터리였고 그것도 전혀 한 번도 보지 못한 방식으로 하셨다.

나는 그게 참 이상했고 할 말을 잃었다. 어제만 해도 똑바로 하셨던 분이 왜 전혀 다른 사람처럼 하시는 거지? 다시 설명을 해드리면 마치 처음이라는 듯 낯선 반응을 보이

셨고

"예약자는 종이에 쓴 예약자 명단을 확인하시면 되세요."

"예약자 명단이요…?"

나는 어떻게 반응해야 할지 몰랐다.

보통 컨디션이란 게 밝기조절장치처럼 어두웠다가 밝아졌다가 하는데 모음님은 그것이 중간에 갑자기 툭 꺼지는 인상을 받았다. 그러면 모음님은 자음이 누락된 문장처럼 곳곳에 이가 빠진 상태가 되셨다. 소통도 어렵고 바로 옆에서 말을 해도 듣고 있는 건지 아닌지 모르겠는 때도 있었다.

긴장을 하셔서인가? 아니면 무슨 사적인 일이라도 있으신 건가?

그래서 모음님, 선우님, 나 셋이 영업을 하는 건 무리였고 목요일은 1호점 매니저 김선우님이 지원을 나왔고, 금요일은 원래 대엽님이 나오는 날이었다. 그 주 금요일은 모음님이 특히 자음이 빠져서 같이 일하는 대엽님, 선우님이 힘들어하셨다.

바로 전날에는 안 그러셨는데 이 급격한 변화를 어떻게 받아들여야 하는가.

"쉬운 일이 없습니다."

안색이 안 좋은 대엽님에게 내가 말했다. 나가서 찬 바람을 쐬는 대엽님. 그런 모습은 처음이었다. 시험에 든 인간의 모습이었다.

나는 별개로 이어폰에 계속 문제가 있었다. 버즈를 끼면 손님의 말도 들리지 않고 머리도 아팠다. 손님은 한 번 얘기할 걸 두 번, 세 번 얘기하게 되고 나는 대충 방향만 알고 정확히 누가 부른 건지는 몰라서 또 찾으면서 헤매야 했다. 적응이 도통 안됐다.

처음으로 홍 관장님이 같이 일 한 날이기도 했다. 갑자기 오셔서 퇴식을 도와주셨다. 관장님은 말에서도 움직임에서도 진중함과 무게감이 느껴졌다. 통뼈에 단단하다는 인상을 일을 하면서도 똑같이 받았다. 소고기 값이 너무도 오른 탓에 오늘 부로 가격을 인상해서(보통, 특 각각 500원, 1000원 씩) 가게를 나와보신 것 같았다. 일을 조금 도와주시다가 가격표가 제대로 바뀌었는지, 메뉴판은 잘 변경됐는지 확인하고 빠지셨다.

그렇게 금요일을 보내고 주말을 맞이했다. 그리고 내가 없는 주말에 벌어질 일이 벌어지고 말았다. 매주 한 번씩 사람들과 문제를 일으켰던 서원님은 모음님과 싸움을 벌이고 매장을 나갔다고 했다.

토요일의 일이었고 경찰까지 오는 큰 사건이었다고 했

다. 들어보니 서원님은 지금까지 보였던 좋지 않은 행실들을 무슨 기술 쓰듯 종합으로 선보였다고.

예를 들면, 기분이 나쁘면 1층으로 내려와 식사하고 있는 손님들이 있는데도 큰 소리로 대놓고 하소연을 한다거나, 어떤 일에 대하여 이러저러해서 이렇게 잘못됐다 합리적으로 말하는 법 없이 가르치는 투로 동료를 윽박지른다거나, 이번에는 싸움이 벌어졌으니 그 수준을 넘어 엄마뻘 되는 모음님에게 욕설까지 했다고.

그래서 모음님은 경찰에 신고를 한 것이고 경찰이 매장에 출동했다고. 모음님 또한 자음이 떨어지는 날 같이 일하기 상당히 어렵다는 것을 알고 있다. 그렇다고 매니저라는 사람이 직원과 싸우고 욕을 한다? 도저히 두 눈 뜨고 보기 힘든 촌극이었을 것이다.

"손님들 계시는데 뭐 하시는 거예요."

제3자가 말려도 계속 싸웠다고 했다. 그런 일이 있고 모음님은 바로 회사를 나갔고 서원님은 억울하다고 경위서를 써서 회사에 보냈다. 사건의 순간 나름의 기지를 발휘해 녹음도 했지만 싸움을 말리고 있던 사람들이 주변에 있었지 않은가? 핸드폰을 들었을 때는 존대를 하다가 끄고는 바로 욕설을 던졌다고 한다. 경위서는 보나 마나 본인에게 유리하게 썼을 것이었다. 언제까지 손바닥으로 하늘을 가리려는 걸까. 도대체 무엇이 어디서부터 잘못된 걸까?

서원님은 사람으로는 아니지만 업무적으로는 형편없었다. 모든 일은 파트타이머가 다 하고 자신은 안된 부분에 대해 지적 내지 명령할 권리가 있다고 여겼다. 서로 같이 도우면서 할 수 있는 상황에서도 다른 누가 한다 싶으면 본인은 손을 대지 않고 지켜보거나 핸드폰, 담배 중 하나를 했다. 물론 나에게는 아무 말도 하지 않았다. 이미 내가 대부분의 일을 하고 있었으니.

그러나 간간히 본인도 모르게 습관처럼 "~만 하면 된다" 추가 노동을 시전할 때는(나머지 일도 내가 다 해놓은 상태였다) "나는 지금 이걸 하고 있으니 할 수 없지 않겠느냐"고 설득시켜줘야 했다. 그만큼 모자랐다. 그리고 제일 스트레스는 서원님이 나보다 돈을 더 받는다는 것이었다. 나는 서원님이 나간게 차라리 잘 됐다는 생각이 들었다. 만에 하나 복직을 한다? 음… 고민을 해봐야겠다.

강 팀장님은 상황이 이렇게 돼서 면담 요청을 했다. 요는 일요일 하루 나와줄 수 있냐는 것이었는데 나는 거절을 했다.

"주는 글쓰기고, 홀서빙은 부여서요…."

"그럼 앞으로도 쭉 어려우시다는 거죠?"

"네… 아무래도요."

매니저 시급에 플러스 알파도 주신다고 했는데, 혼자 있는 시간을 위해 인센티브를 포기했다.

서원님이 나가고 일하기 훨씬 수월해졌다. 마음의 동선에 걸리적거리는 게 없어졌다. 누구는 하고, 누구는 하지 않는 게 없었다. 누군가 하겠지 손 놓고 있는 모습을 보지 않아도 됐고, 본인은 하지 않으면서 이거 해라 저거 해라 시키는 모습을 보지 않아도 됐다. 누구는 하고 누구는 하지 않고가 없어지면서 다들 서로를 도왔다.

일이 고되고 힘든 건 상관없는데 누구 하나 빼는 것만큼 사기 저하가 없구나 하는 것을 또 한 번 깨닫게 됐다.

글 쓰는 매운 고추

회사에서는 새로운 매니저를 신규 채용했고 도연님이란 분이 수습 매니저로 들어왔다. 처음에는 일단 나와 같은 저녁 파트타이머로 일을 배우고 차차 풀타임으로 잡아가는 형식이라고 했다.

그러면서 대엽 매니저가 없는 월요일, 금요일의 현장 책임자는 나로 선임됐다. 일이 더 생기거나 하는 건 없었다. 하는 일은 똑같은데 단지 매니저란 직무를 지정한 사람이 있느냐 없느냐의 차이였다.

미국에서 들어온 대형 프랜차이즈 햄버거 가게에서 일했다는 도연님은 그곳의 하루 매출이 4500까지 됐다는 얘기를 해줬다. 깜짝 놀랄만한 숫자였다.

"4500이요? 그런 숫자는 처음 들어봐요. 엄청 바빴겠네요." 아르바이트로 시작해서 부점장까지 하셨다고. "그러면 이 정도야 그냥 하시겠는데요?"

기골이 장대한 도연님은 살짝 웃었고 별말을 하지 않는 게 긍정의 의미로 들렸다. 자신감이 느껴졌다. 도연님은 지치는 기색 없이 꾸준히, 천천히 일하는 스타일이었다. 어딘가 체구도 그렇고 말투도 그렇고(말투가 고우셨다) 순둥한 곰과 일하는 느낌이었다(본래 성격은 또 있으시겠지만).

　오미크론이 정점이었고 지난주부터 쭉 크게 바쁜 날은 없었다. 그러다가 돌아오는 금요일, 기온이 전날보다 6도 오른 겨울이 풀리는 날에 우리는 도연님, 선우님, 나 셋이 근무했다.

　"오늘은 제가 어디 할까요?"

　도연님이 물었다.

　"오늘은 셋이고 금요일이라서 어느 정도 바쁠 거니 2층을 교육하면서 하면 저희가 버겁기 때문에(2층은 아직 한 번도 안 해보셨다) 1층을 보시면 될 거 같습니다!"

　아무리 한가하다지만 금요일은 그래도 어느 정도 긴장이 필요했다. 처음 대기 손님은 그렇게 많지 않았다. 서너 팀. 그중에는 블로거도 섞여 있었고 내가 그 팀을 담당해서 서빙을 했다. 오목조목 설명하고 메뉴 안내를 했다. 이 시대 최고 성인에게 서빙 받는 느낌은 어떤 느낌일까? 그런 사람을 보지 못해 나도 모르겠다.

손님이 계속 올라왔고 만석이었다. 나는 거의 2층에만 있었고 도연님이 일명 **뺑뺑이**(?)를 돌면서 1층을 봤다. 진짜 교육이 될 거라 생각했다.

설상가상으로 바쁜 날은 힘든 손님도 같이 오게 마련이다. 고량주를 생전 처음 먹어본다는 어느 테이블은 오기 전에도 길을 모른다며 바쁜 나를 붙잡아 놓고 도통 전화를 놓질 않았다.

"신라스테이 광화문점 아세요? 거기 바로 앞에 있습니다. 지도 검색하시면 바로 나오실 거예요."

"아뇨~ 제가 이쪽 길을 하나도 몰라서. 지금 제가 어디냐면요~ 스타벅스인데요~"

"위브 파빌리온을 검색하셔도 바로 앞입니다(어서오세요!)."

"여기가 어디냐면요. 지금 골목길이 보이거든요? ……"

자리를 잡고 식사를 할 때도 고량주의 도수가 높다며 온 더락을 요구했다.

"처음이에요! 연태구냥이요? 몰라요! 얼음 잔 세 개만 갖다 주세요!"

그건 괜찮았다.

그런데 가게 동선상 얼음은 1층 주방에 있었고, 주방에서도 안쪽에 있어서 주방 사람에게 요청하면서 주방 인원을 한 명을 더 써야 했으며, 그것도 우리의 일이라 괜찮았지만 얼음을 그렇게 여덟 번이나 요청했다.

그리고 그분들은 영업 종료까지 네 시간 넘게 앉아 있으면서 얼음만 주문했다("얼음 잔 두 개요! 세 개요! 한 개요!").

"너무 짧다. 그치?"

"아이고. 저희가 귀찮게 하나 봐요. 호호호!"

바쁜 와중에 술에 취해 서버를 함부로 대하는 손님은 손을 휘휘 저으며 가라, 알았다, 됐다, 응, 그거 줘를 시전했고 나와 선우님은 그걸 그냥 맞아야 했다.

내가 선우님께 말했다.

"술 취한 사람은 너무 깊게 생각하지 마세요. 아, 맞다! (선우님은 경찰이셨지) 저보다 더 잘 아시죠, 참."

석 달간 일하면서 제일 바빴고 1, 2층을 오가느라 무릎이 시렸다. 사실 수원 인계동에서 일하면서는 주말엔 이 정도가 기본이었다. 그때의 기분이 떠올랐다.

매장의 사람들은 왁자지껄 낼 수 있는 최대의 소리를 내고 떠들썩한 분위기에 접시며 잔이며 물건들이 땅에 달라붙을 새 없이 쉼 없이 흔들리고 소음의 불구덩이 속에서 손님들은 주문을 하고

"저기요!"

쉴 새 없이 서빙하는 기분은 과거에는 늘상 있던 일이다. 나는 이런 상황에서 습관처럼 여유를 찾았고 잠시 한 팀이 나가 한 자리를 치워야 하는 순간에 선우님께 나가서 좀 쉬다 오라고 권했다.

"아하… 지, 지금요? 아니요. 대충 끝나면 그때 갔다 오겠습니다."

"아뇨. 선우님. 지금이 타이밍이에요. (한 자리 빼고 만석이고 엄청 시끄러움) 네. 지금이에요. 지금 아니면 언제 될지 몰라요."

"네? 네… 그럼 다녀오겠습니다."

인간의 소리를 가득 생산하는 공장에서 서빙을 한다고 보면 된다. 인간이 자신의 입에 알콜과 고기를 붓고 괴성을 생성하는 공장에서.

도연님은 일을 많이 해봐서 학습도 빨랐고 한 번 보면 즉각 따라 하셨다. 목소리가 크거나 활달한 성격은 아녀서, 반대로 차분하고 정중한 스타일이어서 역시나 큰 곰과 일하는 느낌이었다.

일주일간 같이 해보니 도연님도 앞으로 어떻게 살아야 할지 고민하고 있다는 것을 알 수 있었다. 어쩌다 내 앞에서 그런 말을 꺼낸 것인지 제대로 잘못 걸린 것이었다. 나는 "저도 그런 때가 있었고… 자신이 무엇을 좋아하고…
소질을 발견해야 한다…." 뻘소리를 했다. "그런 걸 중심
으로 일을 찾아봐야 하는 것이어서 굉장히 어렵다고 생각
합니다."

자기 일을 찾는 건 말이다.

도연님의 고민을 가만히 듣자니 나와 일맥상통했다. 요
는 회사 생활은 길이 아니고 자신의 길을 찾고 싶다는 것이
었다. 또한 직장 생활이 아니라고 생각하는 이유를 전 직
장의 예로 들었고, 나는 그런 애로사항이라면

"그건 정말 진중식품이 답이 될 수도 있고, 여기는 커가
는 회사고 관장님들이 하는 모습을 보면 정말 잘 될 거 같
아서" 그 문제를 해결할 수도 있을 거라고 했다.

그렇게 좋다면 "그럼 인교님은 왜 매니저를 하지 않으셨
어요?" 바로 들어왔다.

숨기지 않았다. 숨길 것도 없었다.

"저는 오전에 개인 작업을 해서요. 글을 씁니다."

뭐가 될 수도 있을 거란 기대가 있을 때에는 말하는 게
꺼려졌는데 이제는 그런 게 전혀 없었다. 저는 곤충을 좋
아합니다, 저는 소를 좋아합니다, 처럼 저는 책을 씁니다,
라고 했다.

"아! 작가세요?"

"아뇨. 그냥 쓰는 겁니다."

나도 왜 쓰는지 스스로 물을 때가 있다.

조지 오웰처럼 정당한 명분을 가지지 않았다는 것은 확실하다. 그럼에도 나는 왜 쓰는가? 삶은 내게 그저 잘 쓰고 결과물(텍스트)에서 직접적인 이득을 취하라고 얘기했다. 잘 쓴 글을 보면 충족감이 들었다. 그게 전부다. 그리고 그건 어떤 자산보다 귀중했다.

작가라는 타이틀을 얻는 것이나, 사람들에게 내 작품을 꺼내 밝히고 싶을 때는 오직 돈이 궁하거나 지혜가 부동산 얘기를 하거나

"우리는 먼저 집이 있어야 해."

"……."

아니면 하늘에서 한 줄기 광선이 내려와 잊고 있던 어머니의 큰 빛이 떠오를 때 만이었다. 그 순간은 망치로 머리를 맞은 듯 꽝하고 말을 잃었다.

미셸 우엘벡의 말대로 작가는 시장이 정했고 그러므로 나는 작가가 아녔다. 나는 개인적으로 뜨개질을 하는 사람과 다름없었다.

"그냥 혼자 쓰는 거예요! 하하!"

물론 내가 다루는 주제에는 확신이 있었다. 그것은 근원적인 수준에서 시작한 보편적이고 인간적인 것이어서 단

군 할아버지에서 차기 대통령 후보까지 거치지 않는 사람이 없지만, 곧 그런 보편성의 의미에서 모호했다. 사람 중앙의 검은 유령을 다루는 것은 어려운 일이니.

다음 날 우연히 주방에 정훈님도 같은 것을 물었다. 왜 매니저직을 거절하셨냐 하는 것이었다.

나는 혼자 하는 일이 있다고 했다. "실례지만 어떤 일을 하느냐"고 했다. 글을 쓴다고 했다.

"글이요? 잘 어울리시네요. 글이라면 어떤 종류의?"

"소설을 씁니다. 전통적인 부류의… 아, 그러니까 문피아나 네이버는 아닌."

"아, 그러시구나. 소설보다는 시 쪽이 더 어울리시는데."

나는 그 이유에 대해 물었다.

"소설은 호기심이 많은 사람이 할 것 같고 시는 감성적인? 인교님은 그런 느낌이 있어서."

일리 있는 말이었다. 다른 사람이 어떻게 소설을 쓰는지 모르지만 나는 하루에 한 쪽에서 두 쪽을 쓴다. 아주 천천히 오래 되짚어보면서 한 문장씩 이어간다. 그 속도는 소설보다는 시에 어울렸고 그래서 나는 내 글이 술술 읽히는 부류의 소설은 아니라고 생각했던 바였다.

또한 나는 역사적 사실이나 학문적 이론, 현대의 문학적 흐름을 다루지 않았다. 현실에서 직접 길어 올렸고 잘 알려진 바 그 또한 시의 태도였다. 항변하자면 지적인 소설은 다른 사람이 더 잘 쓸 거라는 생각에서였다.

"정훈님, 사람 잘 보시네요. 저는 소설을 거의 읽지 않습니다."

그러면서 소설을 쓰는 건 다만 비톨트 곰브로비치가 보여준 비전 때문이었다. 그가 〈코스모스〉에서 보여준 것이 나를 소설 쓰게 했고(지금은 그것을 전부 따르지 않지만) 밀란 쿤데라와 루이 페르디낭 셀린 또한 참고삼을 만한 비전을 보여줬다. 나는 그들의 산문성을 탐구하며 나만의 것을 발전시켰다. 나머지 소설이라고 하는 것은 그것들이 소설이라면 더 소설 같지만 나에게 비전이 되지는 못했다.

그 주 금요일은 그렇게 바빴으면서 다음 주 금요일은 놀라울 만큼 한가했다. 이제 석 달째에 들어서고 있었다. 그래서 다시 물었다. 실업 급여를 받지 않고 일을 시작한 것은 잘한 선택일까?

우육면관에서 일을 시작한 뒤 일하고 와서 잘 자고 있었다. 무직이었다면 그 무료함이 내 잠을 얼마나 뒤죽박죽 설쳐놨을지 안 봐도 뻔했다. 이 정도 잠이면 만족해야 할 것이다.

여기서 사람들이 나의 실력을 인정해 준다거나 내가 있

어 가게가 안정됐다거나 하는 것은 중요하지 않았다. 내가 옴으로써 가게가 그리된 것은 가게의 득이지 나의 득이 아녔다(뭐, 엄청 그런 것도 없을 테지만).

매장에 사람이 오는 것은 무기 슬롯에 빨강, 초록, 파랑 보석을 박는 것인데 속성 효과는 무기가 얻는 것이지 보석이 얻는 게 아니다(!).

어느 오래전 호프집 빨간벽돌 사모님은 아주 바쁘고 고된 날에도 원칙을 지키며 정돈을 하는 나에게 "인교는 맵다"고 한 적이 있다. 그럼 내가 우육면관에 온 것은 무기 슬롯에 매운 고추를 박은 것일까?

아마도.

우육인간

오미크론은 날이 갈수록 확산세를 이어가면서 전날의 코로나 최고 감염치를 우습게 갈아치웠다. 사람들은 그 질병을 염두에 두면서도 또 한편으로는 별 개의치 않는 듯 약속을 파토내거나 피하지는 않는 모습이었다. 그렇다고 위드코로나를 했던 11월이나 연말 12월만큼 바쁘진 않았다.

고량주관 오픈을 대략 한 달 정도 앞두고 있었는데 대엽님은 내가 고량주관으로 갈 것 같다고 말했다.

"인교님은 무조건 갈 거 같은데. 빼박인데."

관장님들이 그곳에 신경 쓰면서 여기를 신경 쓰지 않기 위해 반대로 내가 꼭 남을 수도 있지 않을까, 하고 나는 생각했다. 나는 가고 싶지 않았다. 집에서 거리도 멀어지고 버스도 한 번 갈아타야 했다. 애매한 거리에다가 또 오픈하는 지점에서 체계를 잡는다고 고생은 뻔했다.

마음속으로는 제의가 들어온다면 "죄송합니다." 말해

야지 했지만 실질로 그런 말을 입 밖으로 꺼낼 수 있을지는 몰랐다. 또 앞에 가면 '네, 네.' 하면서 거시적인 관점에서 합리적이면 그걸 따르고 마는 못된 습성이 있었다.

우크라이나 전쟁이 끝을 모르고 계속됐고, 강원도에서는 동네 주민들이 자신을 무시했다며 토치로 불을 지른 산불이 막대한 면적의 강원도 동부 산간을 태우며 금강송 일부도 태웠다고 했다.

와중엔 감동적인 사연도 있었는데 불이 나서 대피하라고 축사에서 보낸 소 스무 마리가 다음 날 우사로 제집처럼 찾아왔다는 것이었다. 어르신들은 아이처럼 펄쩍 뛰며 좋아하셨다고.

그리고 나는 어제도 소를 먹었다. 이 인간-소의 관계를 어떻게 받아들여야 할까? 사실 강아지와 다름없는 새끼 늑대를 제 손으로 죽여야 하는 몽골인의 갈등처럼 이건 생사가 걸린 일도 아녔다. (늑대의 본능은 지울 수 없어 어느 정도 자라면 가축과 개, 아이를 해치는 것으로 알려져 있어 죽임을 당한다고 했다.)

나는 즐거움, 건강함, 든든함, 먹는 기쁨을 위해 육식을 행했다. 여기 우육면관에서는 도축한 소의 살을 매일 도려내 국물 끓이고, 익혀 갈라먹고, 다양한 식감과 살맛을 위해 고기를 재단해 얇게 썰고, 두껍게 썰고, 깍둑 썰어 요리를 냈다.

우리는 그것을 팔았고 고객은 줄을 섰다. 어느 프랑스의 타이어 외판원이 공식적으로 인정해 줄 정도로. 생명이 제거된 소는 냄비에서 펄펄 끓었고 버섯과 두부, 면과 뒤섞인 탕 속에서 사후 세계를 맛봤다. 이것이 인간의 혀이며, 이것이 인간의 목구멍, 이것이 인간의 위며, 이것이 대장, 그리고 항문은 이것이구나. 변기로 나온 소는 물과 흙에 녹았고 내 신발 바닥에 그런 게 묻었다.

귀엽고 사랑스러우며 우리의 일을 도와주는 소와 요리된 소, 그것을 가르는 가는 선이 있다면 그것은 인간의 길쭉한 혀일 것이다. 내가 우육면 전문점에서 일할 수 있는 것은 기본적으로 소 덕이었다.

소에게 감사함을 표하면서 또 그것을 삶아 먹는 나는 소로 인간성을 형성한 배신(信; 믿음, 신의, 우정)의 아이콘 우육인간이다. 고마워하면서 그것을 먹는.

놀아…?

지난 주말에는 테킬라를 먹고 말 그대로 죽어버렸다. 지혜
와 나는 토요일마다 실컷 음주를 했는데 평소와 같이 소주
를 두 병 정도 마신 상황에서 나는 들뜬 나머지 냉동실에
보관했던 에라두라 레포사도를 꺼냈다. (stay…)

"나는 용설주를 마실꺼야!" (no)

테킬라는 용설란이란 다육식물로 만드는데 그래서 나
는 그것을 용설주라고 불렀다. 냉동실의 테킬라는 영하의
온도에서 연노랑색으로 꾸덕해져 있었다.

"인교, 그거 마셔도 괜찮아?"

"괜찮아! 지혜는 소주 마셔! 난 용설주를 마실게!"

파란 두꺼비가 그려진 진로 소주잔에 테킬라를 꼴꼴 따
랐다.

"한잔해!"

호기롭게 넘겼다. 에라두라는 도통 맛이 적응 안 돼서

1년 넘게 냉동실에 묵었던 것이었다. 용설란 100%의 테킬라가 다 이런 맛인지 모르겠지만 가까운 비유를 들자면 알로에 즙향의 독주였다.

우리는 유튜브로 오사카 여행 브이로그를 보고 있었다. 나는 "괜찮은데?"라며 한잔 두잔 넘겼고 어느 순간엔가 진짜 오사카에 있는 듯한 착란이 일었다.

"괜찮은데?"

나는 자꾸 괜찮다고 했다는 기억만 남기고 기억을 잃었고 눈을 떠보니 아침 7시였다. 나는 지혜에게 연신 "나 아파"를 반복했고 진짜 많이 아팠다. 숙취도 심했고 속도 울렁거리고 몸 상태도 몹시 좋지 않았다. 모두 게워내고 싶었지만 목구멍에 손가락을 넣어도 아무것도 나오지 않았다.

아침에도 몸을 일으킬 수가 없었고 오후 2시가 돼서야 겨우 일어나 응암역 근처 쌀국수집으로 가 해장을 했다. 뜨거운 국물을 들이켜니 식은땀이 흘렸고 그제야 좀 살만했다. 그리고 일주일 간 몸이 술을 거부했다. 알콜 생각만 해도 간이 부글거렸다. 일도 겨우겨우 해냈고 집에 와서도 너무 피곤해 거의 바로 잤다.

우육면관은 안정기에 들어서 있었다.

이쪽 업계에 아는 사람도 많고 거대 프랜차이즈에서 일해 본 도연님은 급여 이야기를 꺼냈다.

"요즘은 사람 구하기 어려워서 경력자는 급여를 잘 쳐줘요. 그래서 요즘에는 한 곳에 오래 있지 않고 옮겨다니면서 몸값을 올리죠."

"IT 업계 처럼요? 근데 저는 파트 알바라."

도연님은 하지만 파트타이머도 똑같다고 했다. 경력자라면 시급을 더 준다고. 솔깃했다.

"바로 알아봐야겠는데요?"

그래서 집으로 돌아와 알아봤다. 알아봤는데, 도연님 말처럼 돈을 더 받을만한 곳은 눈에 띄지 않았다. 시급도 크게 높게 책정해 놓은 곳이 없었다.

이들 중 연락을 해서 경력자이니 시급을 좀 더 쳐줄 수 있겠냐 협상을 해야 한다는 것인데, 그리고 도연님의 말대로라면 승산이 있다는 것인데, 그럴만한 곳이 있는지 주기적으로 데이터를 모아야겠다고 생각했다. 우육면관과 나는 우선 비즈니스 관계였고 돈을 더 준다면 그곳으로 가는 게 맞을 것이다. 나는 받는 돈에 대해 큰 불만은 없었으나 더 주는 곳이 있다면 안 갈 이유도 없었다.

그리고 우육면관의 안정기가 불러온 것은 서서한 풀림이었다. 홀 직원 모두가 하나씩 풀리면서 각자의 개성을 드러냈다. 누가 어떤 사람이고 어떤 색깔을 가졌는지 더 잘 드러났다.

규율과 기본을 중요시 여기는 나는 마음속으로 동요했는데 서로가 이렇게 하자고 한 약속들이 자유롭게 개인의 입맛에 따라 그 양태가 변모했기 때문이다. 그 방향은 보통에 피곤하지 않은 방향, 신경을 덜 쓰는 방향, 다시 말해 편한 방향으로 흘렀다. 나는 각자가 자유 속에서 색깔을 내는 거라고 생각했다.

빡빡한 나는 빡빡함을, 헐렁한 사람은 헐렁함을 사물 속에 녹이는 거라고. 약속에 맞춰서 하던 것이 그렇게 되지 않는 것을 보고 스트레스도 받았지만 ('왜 이렇게 하는 거지? 안 하는 이유가 있나? 이제 와서 다르게 할 이유라도?') 혼자 사는 것도 아니고 솔직히 별치 않은 직업의 홀 서빙을 두고 가타부타 너무 똑바른 잣대를 갖다 댈 수도 없었다.

그러다 정말 가끔 날카롭게 나오기도 했는데 내가 하는 일을 방해한다거나(실제로 그랬다) 기물들이 마음껏 어질러 있을 때(이건 흔히 있는 일이었다) 그리고 선을 넘어 말을 함부로 할 때 나는 날카롭게 선을 획 그었다.

"아니요."

나는 외마디 한마디만 했다.

마음 같아서는 속 깊이 잘못의 정중앙을 똑바로 찌르고 싶었지만 그러지는 않았다. 나는 나름 같이 일하는 사람들이 즐겁게 일하고 가는 것도 목적으로 갖고 있었다. 그리고 비교적 나이가 많아서 무슨 말을 하면 잔소리로 들릴 것이기에 무슨 말이든 최대한 안 하려 했다.

정신이 빠져 이리저리 휘둘리는 모습도 볼 수 있었는데 (일을 순서대로 처리하지 못하고 이리 갔다 저리 갔다 하면서 허둥대는) 내 기준에서 그것은 꽁무니가 빠진 탈장 상태와 같았다. 그러나 정신없는 존재는 디지털 세대의 본질 중 하나였고 그것이 내 세대 이상의 것을 품을 수 있는 새로운 조건의 가능성일 수 있다는 사실을 완전히 부정할 순 없어서 나는 나의 옳음을 굳이 주장하진 않았다.

나는 흐트러지지 말고 내 방식대로 내가 할 수 있는 일에 집중하자고 마음을 다잡았다. 하지만 아무리 입 밖으로 내지 않았다고 해도 마음은 송곳처럼 피부를 나와 주변 이를 찔렀을 것이다. 그리하여 우육면관 주중 오후 조는 내게 불편함을 느끼는 만큼 풀렸다고 할 수 있었다. 나는 기준을 똑같이 수행했고 사람들은 각자의 색깔을 냈으니.

문제가 벌어지지 않는 선까지 나는 두기로 했다. 당연히 각자의 자유가, 스스로의 개성을 사물에 녹일 자유가 있었다. 기계가 아닌 이상 당연한 일이었다. 중요한 건 밥을 잘 먹고 즐겁게 집에 가는 것, 글을 잘 쓰고 지혜와 잘 지내는 것이었다. 나는 혹여나 동료들이 불편을 안고 집에 가지 않을까 하여 퇴근하면서 소신껏 기분 좋게 인사하고 좋은 말들로 마무리 짓기 위해 애썼다.

"고생하셨습니다! 들어가세요!" 훌훌 털고 조금 전 일들은 모두 잊읍시다! 이 마음도 전달될 거란 믿음으로 씩씩하게 인사했다.

진상을 대처하는 백한 가지 방법

정말 이상한 손님이 왔다 갔다. 우리는 저녁 8시에 우육면 마감을 한다. 그 사실은 공지돼 있고 직원들은 정책에 따라 업무 프로세스를 운영한다. 보통에 8시 이후 오셔서 우육면을 찾는 손님에게 면 마감이 8시임을 안내하면 "다음에 올게요." 하고 가시거나 다른 메뉴를 주문해 드신다.

8시 15분에 남성 두 명이 들어왔다.

"우육면 두 개 주세요."

"손님, 죄송합니다. 저희가 면 마감을 8시에 해서요. 다른 요리는 드실 수 있는데 메뉴판 한 번 보시겠어요?"

"아니요. (네?) 저희는 면을 먹으러 왔어요."

"우육샤궈에 면 사리를 넣어서 드실 수 있는데 그건 어떠세요?"

"면 먹으러 왔다니까. (네?) 우육면관이라면서 면을 8시에 마감하는 게 어딨습니까? (네?) 우육면관, 면관, 아니에요? 면을 8시에 마감하는 게 어딨어요. 벌써 세 번째입니다. 오늘은 좀 먹고 가야겠습니다. 우육면 주세요!"

주방에 대고 고함을 질렀다.

음……?

"죄송한데 저희가 면을 만들 수 있는 재료를 정리한 상황이라서 해드리고 싶어도 해드릴 수가 없습니다."

"우육면관인데, 면집인데 면을 8시에 마감하는 게 어딨습니까?" 똑같은 말을 몇 번이고 되풀이했다. "전 모르겠어요! 그냥 앉을 테니까 면 주세요!"

주방에 대고 갑자기 고함을 질렀다.

"면 주세요!" 같이 온 남성도 똑같은 논리로 소리는 지르지 않고 면을 달라고 했다.

면집인데 왜 면을 8시에 마감하느냐는 것을 양쪽으로 여덟 번씩, 열여섯 번 들어야 했다. 지난번에 두 차례나 왔었고 면을 8시에 마감하는 것을 알았으면 나 같으면 8시 전에 와서 먹을 것 같았다. 그리고 무얼 하다 늦었으면 그 집은 문을 닫았겠구나 다른 대안을 생각할 것 같다.

이해가 안 됐다. 그러나 진상이란 무엇인가? 본인 감정에 호소하는 사람이다.

됐고 나 면 먹고 싶다고~

내가 할 수 있는 건 죄송한데 해드릴 수 없다는 말밖에 없었다. 우육면을 라면처럼 끓일 수 있는 게 아녔다. 육수를 뽑아야 했고 그게 바로 만들어지는 게 아녔다. 이런 손님을 상대할 때 나의 스타일은 제풀에 쓰러지게 나비 두는 편이다. 별 응대를 하지 않는다.

"면집인데 면을 8시에 마감하는 게 어딨습니까! 면 주세요! 먹고 가야겠습니다! 면 주세요!"

1층에 다른 손님이 없어서 그나마 다행이었다. 남의 가게에 와서 소리 지르기라니. 또 이걸 보고도 어떻게 할 수 없는 알바 입장이라니. 곤란했다. 상황이 악화될 시 경찰을 불러야지 했다. 가게에서 모르는 사람이 소리를 지르고 행패를 부립니다 하고.

언성이 높아지자 2층에 있던 대엽 매니저가 내려왔다. 나는 저러다 가겠지, 나비 두려 했는데 대엽님은 내려와서 바로 진상 앞에 섰다. 영업 중인 업장에서 소리를 지르는 사람에 분개한 대엽님은 귀까지 빨개졌다.

그럼에도 화를 참고 오목조목 객관적인 데이터로 면 마감이 8시에 됨을 표지한 안내문, 공지, 대기표에 기재된 바를 다시 알렸다. 하지만 진상은 그런 것을 전혀 연연하지 않는다. 상관없다, 그래도 먹겠다, 쥐라, 전에도 못 먹었다를 시전했다.

대엽님은 예의 없게 행동하는 손님을 두고 번뜩 "나가세요! 안됩니다!" 고성을 질렀는데 대엽님의 성량은 본래 크고 우렁찼던 지라 진상은 조금 당황했고 같이 온 남성도 입을 닫았다.

잠시 뒤 하지만 조금 기가 죽은 기색으로

"난 먹고 가야겠어요! 면집에서 면을 8시에 마감하는 게 어딨어요! 경찰을 부르든 어떻게든 하세요!"

"그럼 경찰 부르겠습니다."

곧장 나온 대엽님의 그 말에 같이 온 남성은 의자에서 일어났다. 진상은 "그렇게까지 해야겠냐(?)"고 했다. 순간 나는 2층에서 들려오는 "참이슬이요!" 소리에 2층으로 올라갔다. 2층은 잠시 아무도 없었는데 내가 오니 이것저것을 시켰다.

나는 마음을 진정시키고(오! 아무 것도 할 수 없는 알바 입장이여!) 소주와 면 사리 추가, 설거지 등을 했다. 억지 손님은 그러고도 한참을 있었다. 대엽님은 실제 경찰까진 부르지 않았다. 진상은 그걸 알고 자존심을 부리며 꽤 버텼다. 한참이 지나 상황을 보려 1층으로 내려갔을 때 주방의 창호님이 싸움을 구경하고 있었다.

"아직도 안 갔어요?"

"네…."

다시 2층으로 올라갔다. 10분이 지나고 내려가니 그제야 가고 없었다. 마지막으로 봤을 때는 대엽님이 "다음에 오시면 맛있게 해드리겠습니다."고 해서 솔직히 나는 그런 응대에 깜짝 놀랐다.

대엽님에게 들으니 내가 2층에 있는 동안 그 손님은 영어를 섞어가며 "가게의 policy를 이렇게 constant하게 할 이유가 있습니까?" 그리고 "사업가 정신" 등을 말하다 갔다고 했다. 아는 게 많아 보였다고. 딱 그거였다. 아는 게 많고 피곤한 사람.

나는 역시나 많이 아는 건 중요하지 않다고 생각했다. 간단하지 않은가? 8시까지면 8시 전에 오면 되는 것. 8시까지면 전에 실패했더라도 물러날 줄 아는 것. 8시까지면 그 시간이 지났으면 다음을 기약하는 것 말이다. 모든 지혜는 침묵을 지향하는 게 아닌가 생각했다. 시도 때도 없이 떠드는 사람은 도무지 믿음이 안 갔다.

(이 분은 3주 후 점심시간에 부하 직원 둘을 데리고 다시 방문하셨다고 한다. 2시 27분, 점심 영업 종료 3분 전에 전화해서 주문을 넣어달라고 하셨다고. 그리고 바닥까지 싹싹 긁어 드시고 가셨다고 했다. 울그락불그락 소리를 지르고 갔다가 다시 와서 잘 드신 게 남자셨다.)

이걸 왜 하고 있지?

완연한 봄이었다. 은행나무는 마른 가지에 연두 거미줄을 치고 초록 면봉과 같은 모습이 됐다. 기온은 날마다 4, 5도씩 오르더니 갑자기 24도가 됐다. 드디어 나도 걸렸다(!). 가게 사람들은 돌아가면서 코로나에 걸리는 상황이었는데 거리두기 해제를 앞둔 막바지에 코로나에 걸려버렸다.

처음엔 격리 일주일간 쉬어보자는 심산이었지만 예상보다 독한 코로나에 일주일을 그대로 앓았다. 증상이 사람마다 다르다고 하는데 감기와 비슷한 자잘한 증상은 하루 이틀이면 나았지만 인후통이 유독 심했다. 침을 삼키는 것도 칼날을 삼키는 것 같아서 자다가 깜짝깜짝 놀라 깨고 물을 마시는 것도 침을 삼키는 것도 모두 곤욕스러웠다.

낮이 되면 좀 나아지는 듯 하다가 해가 지면 귀신같이 악화됐는데 감기와 다른 특징은 나아지는 기색이 전혀 없었다는 점이었다. 매일 밤이 오는 게 두려웠고 자고 나도 겨우 5% 정도만 나아져서 좀 놀랄 정도였다. 통증이 영원할 것 같았다.

앞서 걸렸던 문교는 "생강차를 먹어. 인후통 약이고 뭐고 다 먹었는데 생강차 만한 게 없더라고." 조언을 해줬는데 나는 "알았다"면서 한 번밖에 먹지 않았다. 정말 아팠는데 왜 그랬는지 모르겠다.

바보가 된 느낌도 있었다. 두뇌 회전이 느리고 머리가 멍했다. 우육면관에 먼저 걸린 동료들이 떠올랐다. 다들 아팠다고 했는데 와, 이걸 어떻게 참으면서 보냈던 건지. 도연님은 격리가 끝난 직후 출근했을 때도 딱 봐도 상태가 안 좋아 보였다. 그럼 나보다 더 아팠다는 건데 어떻게 버티신 걸까.

지혜에게 옮을까 걱정이 됐다. 지혜는 자신이 이미 한 번 걸렸고(일 년 반 전에) 슈퍼항체가 생겼다면서 씩씩해했는데 나는 그 자신감이 몹시 걱정됐다.

"그러다 나처럼 아프다고!"

그러나 지혜와 나는 특별히 차폐하는 것 없이 보통처럼 생활했는데 진짜 옮지를 않았다.

"나는 슈퍼항체다! 하하!"

진짠가?

우육면관에 복귀해서도 컨디션이 돌아오지 않으면 어

쩌지 하는 걱정도 있었다. 그도 그럴 것이, 예전 같았으면 할 일이 두어 개 있으면 머릿속에서 이런 순서, 저런 순서로 정리가 됐던 것이 되지 않았다. 또 되지 않았으면 다시 생각해야 할 것을 다시 생각하기는커녕 무력감에 그대로 포기를 해버렸다. 애초부터 아예 될 것 같지가 않았다. 마치 맥주 케그를 번쩍번쩍 들던 사람이 들지 못하고 들지 못하겠다 하루아침에 쉽게 포기하는 것처럼.

격리 일주일간의 요양 생활에서 나는 무기력과 우울, 왜 살아있어야 하는가 하는 실존적 의심까지 하게 됐다. 어떻게 이 지루하고 아무것도 없으며 밋밋한 세계에서 나는 활기차고 기운 넘치게, 씩씩하게 살고자 했던 것인지 믿어지지 않았다. 과연 앞으로 그럴 수 있을까…?

누가 보면 겨우 일주일인데 소란스럽게 보일 수도 있을 것이다. 그러나 나는 누워있는 시간 동안 정말 삶에 대한 믿음이 뚝뚝 떨어져 나갔다. 나 개인에게 있어서 나태와 지루함을 극복하는 매개체가 글쓰기와 서빙이었다. 당장에 보면 나아질 거란 기대가 하나도 없었는데 그래도 속는 셈 치고 그것을 해보는 수밖에 다른 도리가 없었다.

격리가 끝난 직후 나는 다시 우육면관에 서빙을 나갔다.

"어이구, 인교님. 안녕하십니까? 몸은 좀 어떠세요?"

다들 복귀한 나를 반겨줬다.

"예상외로 아프던데요? 그렇게 막 쉽지는 않던데요? 허허허!"

전에 걸렸다던 동료들이 제법 아팠다고 했는데 걸리기 전에는 공감되지 않던 것이 즉각 공감됐다. 오랜만이어서 조금 설레는 마음으로 일했다. 익숙할 때는 몰랐는데 일주일 만에 매장을 나오니 매장이 새롭게 보였다.

우려와는 다르게 일은 수월히 진행됐다. 저절로 몸이 알아서 했다. 그러나 전과 다른 미묘한 차이가 분명 있었는데 그것은 마법이 사라졌다는 것이다. 그저 일을 잘하겠다는 단순한 일념 같은 게 없었다.

최소한 그것은 흔들렸다.

해서 뭘 하나, 이게 전부인가? 빨리 집에 가고 싶다, 대체 여기서 어떻게 즐기면서 했던 거지? 겨우 이 돈을 받으면서 이렇게 일한다고? 땀 뻘뻘 흘리면서, 몇 시간씩 서 있으면서? 다른 좋은 일자리도 많은데? 대체 무슨 생각으로 그랬던 거지?

마음도 나아지지 않았고 희망도 보이지 않았다. 여기서 이렇게 일하면서 나는 앞으로 뭐가 될 것이며, 이렇게 최저를 전전긍긍 고생만 하다 인생이 끝날 것이란 나쁜 예감이 나를 괴롭혔다. 내가 없는 동안 가게는 외관상 내가 있을 때만큼 깨끗하지 않았다. 나는 청소 속성의 매운 고추

젬이었으니까 내가 빠지면 이런 건 당연했다.

식기세척기와 싱크대, 냉장고는 표준이라면 표준이랄 만큼의 청결만 유지해서 기름과 물때가 남아 있었고 나는 스스로에게 "그래 원래 이 정도가 보통인 거야. 이 정도만 유지하면 돼. 한다고 돈을 더 받는 것도 아닌데 왜 자국을 없애려는 거지?" 나는 내 유사-편집증의 편을 들어주지 않았다.

그렇게 복귀전을 치르고 집으로 돌아갔다. 체력이 떨어졌는지 오는 길에 버스에서 졸았다. 집에 돌아와 술도 마셨는데 그건 전의 나를 따라 하는 시늉이었다. 다시 전처럼 회복되기 위해 똑같이 따라 해보는 것이었다. 내키지 않는 막걸리를 그냥 마셨다. 유튜브도 보고 지혜가 전세자금대출 서류 뽑는 것도 도와줬다.

과연 다시 괜찮아질 수 있을까? 지금의 마음 같아서는 다 그만두고 어디 숨어서 침잠하고, 끝없이 끝없이 내 안으로 들어가고만 싶었다. 사라지고만 싶은 그 마음에 하지만 나는 태연한 마음을 가지려 노력했다. 나락에 빠지는 즐거움을 즐기기엔 적은 나이가 아녔다. 늘 했던 대로의 행동을 일단 믿어 보기로 했다.

(코로나 복귀 후 열흘이 지나자 나아졌다. 절대 나아지지 않을 것 같다고 얘기한 부분을 다시 보면서 그때

는 진심 그랬는데 지금은 다르구나, 시간이 지나면서 변하는구나 하고 그 차이를 실감했다. 따로 특별한 희망이 마련된 것도 아닌데 괜찮아졌다.   똑같은 조건에서 어두운 감정이 사라지고 고농축 미세먼지가 날아간 어느 날처럼 마음이 한결 가벼웠다.)

돈 없는 우육인의 집 계약

돈 얘기를 하자면 나는 돈이 없었다. 일을 하고 있으니 진짜 없는 사람보다야 있겠지만 또래에 비하면 백 분의 일, 오십 분의 일 수준이었다. 내가 이십 명, 백 명이 있어야 그들 한 명과 견줄 수 있으며 격차는 날로 커지고 있는 상황이었다.

집 재계약이 있었다. 주인분을 만나 부동산에서 계약서를 썼는데 집도 대출도 지혜 앞으로 돼 있어서 나는 뒤에서 (아무것도 안 하고) '있는 역할'을 도맡았다. 대출에 필요한 십 수종의 서류도 모두 지혜가 준비했고 그간 나는 '집안 청소'를 도맡았다.

회사를 끼고 대출을 받을 수도 없는 계약직 아르바이트생 신분이었다. 금액적으로도 도울 수 없었으며 서류 준비로도 도울 수 없었다. 지혜는 여기 응암 집에 사는 것도, 내가 들어와 사는 것도 본인이 원해서 시작한 것이므로 내가 도움이 못 되는 점에서 일언반구도 하지 않았다.

나는 옆에서 계약이 진행되는 걸 보면서 지혜에게 스트레스와 번거로움, 조금의 회한이 진행되는 것을 말하지 않아도 느꼈다. 귀찮은 일들이 모두 끝나고서야 "인교가 생각하는 액수와 내가 생각하는 액수가 다르고… 내가 원해서 하는 거지만 앞으로 이런 일이 있으면 있었지 없지 않을 걸 생각하면… 어떻게 해야 하나 하고 우울해졌어." 간단히 알렸다.

그런 일이 있고 난 주말에 동주를 만났다. 동주는 상암에서 친구 결혼식이 있어 근처로 온다고 했다. 나는 직업적으로든 소설가로서든 금전적 성공은 되지 않을 거란 심란한 마음으로 동주를 만났다.

나는 앞서 있었던 얘기들을 꺼냈고 동주는 "애초부터 말이 되지 않는다." 고 즉답했다. 그 말인즉슨 내가 금전적으로 거의 돕지 못하고 있는데 여자와 같이 사는 것 자체가 말이 되지 않는다는 것이었다.

"나도 안다"고 했다. 나는 "원래 혼자 살려고 했고 500에 30으로 평생 살려고 했다"는 구차한 변명을 늘어놓았다. 그리고 그 이야기는 더 하지 않았다. 잘 살고 있는 친구들 얘기를 했다. 현대, SK, 삼성 등 대기업을 다니면서 집을 샀으며 차도 있고 아이들도 있는 친구들을. 그 친구들이 어떻게 살고 있느냐고 동주에게 물었다.

　동주는 그 친구들과 연락하며 지냈는데 나는 보통에 소식을 동주에게 전해 들었다. 친구들은 잘 살고 있고 애들을 키운다고 했다. 그래도 그 친구들도 저보다 나은 사람, 그들보다 위에 있는 사람, 더욱 사정이 나은 사람들 얘기를 한다고 했다. 나와 동주도 마찬가지였다. 우리는 우리보다 처지가 나은 사람 얘기를 했다. 그러면 뭔가 떡이라도 떨어질 것 같았고 최소 대리만족과 부러움을 동시에 느꼈다.

　그것엔 이득과 손해가 동시에 있었다. 동주와 나는 그러지 못하다는 감정, 일찌감치 낙오했다는 사실, 이제는 선택권도 없이 그저 바라만 봐야 하는 입장이라는 공감대를 형성했다. 그러나 잘 사는 친구들의 모습은 또한 멀리서나 보기에 좋은 모습이었고 그렇게 되라면 그리 되고 싶지는 않은 떠들기에나 좋은 동경이었다. 적어도 나에게는 그랬다.

　"인생 망했어."

　동주는 자신의 처지를 그렇게 표현했고 나도 부정할 수 없었다. 나 또한 그렇다고 했다.

　"그래도 넌 하고 싶은 거라도 있잖아. 난 그런 거도 없어."

동주의 대답이었다. 사실이었다. 그것은 큰 차이였다. 나에겐 비전이 있었다. 엄청 크고, 엄청 대단하고, 엄청 돈을 벌고 하는 것은 아녔지만 복부 담석처럼 존재한다면 확실히 있고 고통을 주는 비전이었다.

동주는 여느 때처럼 그 어떤 희망과도 동떨어져 있는 실패한 사람의 뉘앙스를 풍기면서 오직 남은 것은 천박하고 중독적이나 남에게 피해 주지는 않는 짧은 쾌락의 연속이고 그것에 남은 돈과 시간을 모조리 사용하고 죽고 싶을 만큼의 심정만 피하면 다행이라는 자고 나면 녹아버릴 버터 조각 같은 겸손을 품고 "피곤하다"며 집에 가 버렸다. 동주는 지하철역 계단으로 사라졌고 또 그저 그런 밤이 동주를 기다리고 있을 것 같았다.

나는 집으로 갔다.

"동주랑 무슨 얘기 했어?"

"친구들 얘기하고. 책 얘기도 좀 하고. 〈죄와 벌〉 다 읽었데. 도스토옙스키. 나는 안 읽어봐서 동주가 하는 얘길 들었어."

나는 차마 돈 얘기를 했다는 걸 꺼내기 어려워 했는데, 그것은 일부러 불리한 상황을 가져오는 것이었기 때문이었다. 그래도 했으니까 나는 용기를 내 말했다.

"돈 얘기도 했어. 대출받는데 난 아무것도 못 해서 되게 미안했다고. 그럴 땐 조용히 사라지고 싶은데 조용할수록 없어지는 게 아니고 내 존재가 더 부각됐다고. 아무것도 안 하면 안 할수록 더 잘 보이는 거야! 하하!"

웃어…?

자기 전에 나는 지혜와 또 이야기를 나눴다. 보통에 내가 지혜 방에서 지혜를 재우고 나오는데 그날따라 대화가 길어졌다. 어쩌다 보니 또 내 얘기가 시작된 것이었다. 나는 한 번 내 얘기를 하면 놓아주지 않았다.

"그래도 나는 하고 싶은 게 있잖아…! 너무 가까워서 잘 모르지만 그건 소중한 거고 그걸 잘 지키면서 가야 돼."

나는 혼잣말하듯 지혜에게 그렇게 말했다. 지혜는 공감한다는 듯 베개에 누워 고개를 끄덕였다.

"하고 싶은 게 있는 건 큰 거야. 엄마가 그랬어. 사람은 하고 싶은 게 없어서 혼자 살 수 없다고. 그러면 무료해서 견딜 수가 없다고. 그래서 결혼하고 애기 낳고 사는 거라고."

"나는 하고 싶은 게 있어서 혼자 있고 싶나 봐."

"그럴지도 몰라."

"다음에는 내 앞으로 대출받을게!"

"공인인증서랑 카드 줄 테니까 다음엔 인교가 해!"

"내가 할게!"

진심 내가 하고 싶었다. 서류작업은 내가 사용하지 않는 재능 중 하나였다. 하지만 이런 깨달음을 계기로 상황이 나아지고 하는 것은 없었다. 지혜와 나는 풀지 못할 영원한 숙제 같은 것을 마음에 안고 잠이 들었고, 다음 날도, 그다음 날도 내가 돈이 없어 생기는 불쾌감은 사라지지 않았다.

우리는 단지 그것이 현실적인 문제로 대두되기 전까지 묻어두는 수밖에 없었다. 그것은 옷걸이 한쪽에 무겁게 걸려 있는 치워두지 않은 여름날 무스탕과 같았다. 사실 이러한 마음의 짐은 수년간 이어졌고 나는 마치 예술가라도 되는 양 그것을 무시한 채 가고 있었다.

그러나 적어도 지금은 나도 내가 이루려는 것이 무엇인지 모르겠다고 말해야 할 것 같다…….

아 결혼식 아시는구나!

새로운 장편을 시작해 우육인가은 신경 쓰지 못했다. 일은 평소처럼 계속됐는데 특별한 일이라곤 유명 개그맨이 왔다 갔다는 것, 1호점 매니저 민준님이 2호점에도 나오기 시작했는 것 정도가 있었다. 1호점에서 2년 넘게 일했다는 민준님은 2호점에서는 2년 전에 2일 정도 1해봤다고 했다.

"많이 바뀌었어요."

대엽님은 민준님에게 인수인계를 하면서 차차 사무실 근무로 빠지고 현장에는 피크 지원으로 잠깐씩 나올 계획이라고 했다. 그리고 확실하진 않지만 도연님은 그만 둘 생각을 하고 있는 것 같았다. 나는 도연님이랑 잘 맞고 일하기도 편해서 그 소식이 꽤 서운했다. 또 지난 12월부터 함께 한 건우님이 다음 달까지만 하고 입대할 예정이어서 사실 홀은 나와 선우님 빼고 모두 바뀔 예정이었다.

우육면관은 그렇고, 지혜가 식을 올리자고 했다. "우육면 특 올려드릴게요!" 처럼 그 말을 듣고 "그러면 식 올려드릴게요!" 하고 나는 쉽게 나오지 못했다. 하는 건 당연했지만 혼인신고만 하고 식은 천천히 올리자는 게 나만의 생각이었다. 나는 아직 글로써 아무 이룬 게 없어서 바람 같아선 책 한 권을 내고 하고 싶었다. 글을 쓴다는 녀석이 출간을 했느냐, 못 했느냐의 차이는 이번 대홍수 때 너희 집이 떠내려 갔느냐, 아니냐의 차이와 같았다. 없으면 안타깝기 그지 없는…….

나는 이번 장편에서 전달력에 힘을 기울이고 있었다. 보다 쉽게. 그래서 식을 올리기까지 어떻게든 작품을 완성하고 싶었다. 그래서 예복을 입은 나에게 누가 "요즘 뭐해?" 하고 물으면

"다행히 우리 집은 떠내려가지 않고 저기 하나 있어."

안심할 수 있는 상황이 나오게.

스리슬쩍 웨딩사진을 찍고 스냅을 하는 건 "내 취향이 아니다"라고 밝혔지만 지혜는 "하고 싶다"고 하니 당연히 하는 것으로 됐다. 나는 그 말을 들은 즉시 내면의 태도를 바꿔 '하지 않을 것'을 '하기 싫어도 해야 할 것'으로 격상시켰고 인생은 살아봐야 알고 뭐가 더 좋은지 모르는 거니 스냅 사진 그까짓 것 한번 찍어보자고 생각했다. 식에 관

런한 모든 일은 지혜가 하고 싶은 대로 진행하면 됐다. 나는 그런 것에 큰 관심이 없는 것을 지혜도 알고 있었다.

"지혜가 하고 싶은 대로 다 했으면 좋겠어! 난 최대한 동의를 할게!"

나야 마음가짐을 고치면 그만이었다. 날짜는 내년 가을쯤이면 좋지 않을까 얘기가 나왔다. 옳다구나! 지금 쓰고 있는 것을 완성할 시간이 있었다! 예상하지 못한 결혼식 얘기에 당황스러운 것은 사실이었지만 그것은 나의 기호 판단일 뿐 어떻게 될지는 아무도 몰랐다. 내가 좋아서 더욱 적극적으로 나설 수도 있었고(내가?) 이 부담감으로 소설을 더 잘 쓸 수도 있었다(내가?).

故 정주영 회장은 사업의 어려움은 전쟁과 비교했을 때 진정한 어려움이 아니라고 했는데 사업적인 어려움은 우리가 힘을 쓰면 다 극복할 수 있다고 믿으셨기 때문이다. 나 또한 결혼식을 극복할 수 있을 것이다. 전쟁도 치르는 통에 그것을 못하랴. 이 사람도 했고 저 사람도 했다. 대학 동기도 했고 에드워드 호퍼도 했다. 나는 군대 때와 같이 '누구나 했다' 식의 위로를 했는데 정말 좋아서 그러는 것이었다. 나는 변할 필요가 있는 사람이었다.

금순 씨를 뵙고 오다

결혼식 얘기도 오갔겠다, 코로나로 가질 못했는데 이참에 좋은 소식도 전할 겸 지혜네 친할머니를 찾아뵀다. 말로만 듣던 마곡은 판교와 광교 신도시를 반반 섞어놓은 느낌으로 마곡나루역 바로 옆에 식물원이 붙어있는 게 신기했다. 주워들은 바로는 마곡이 실패한 신도시여서 공실률이 높다고 들었는데 코로나가 풀리고 있는 시점의 현재에는 충분한 활기가 돌았다. 사람도 많았고 상가도 꽉 차 있었다.

근처에 예식장이 있는지 하객으로 보이는 정장을 입은 젊은 사람들이 눈에 띄었고, 프랜차이즈와 편의점, 식당과 미용실이 고루 분포해 있어서 전형적인 신도시 느낌이 났다. 소문보다 좋아 보였다.

"생각보다 좋은데?!"

"2년 전에 왔을 때보다 훨씬 좋아진 거 같아. 그때는 공실도 많고 사람도 없었어."

우리는 먼저 할머니 선물로 스킨을 사려고 올리브영에 들렸다가 스타벅스에서 아이스 아메리카노 한 잔을 사서 할머니 집까지 걸었다.

"10분, 15분 걸어야 돼."

중간에 고급스러운 빵집이 보여서 빵을 좋아하시는 할머니를 위해 빵도 사 갔다. 재밌는 것은 빵집이 연달아 두 개가 붙어 있었는데 서로 스타일은 달랐지만(한 곳은 클래식 우드의 전통 유로피안, 다른 한 곳은 모던 화이트) 신기하게도 둘 다 르 꼬르동 블루에서 수학한 명패가 걸려 있다. 우리는 두 곳 모두에 들러 각각 휘낭시에와 크루아상을 샀다(두 집이 파는 빵은 달랐다).

할머니 댁은 20년 된 아파트로 우리 집처럼 4층에 호수도 같은 401호였다. 이 작은 우연의 일치는 건전지 볼트만큼 작은 인상으로 기억에 자극을 남겼다. 할머니가 문을 열어주셨다. 사진으로 뵌 적 있는 할머니는 처음이어도 그리 낯선 기분은 아니었다.

"안녕하세요! 이제야 찾아뵙네요!"

뱃속부터 힘을 줘 청량하게 인사 드렸다. 할머니는 환한 미소로 반갑게 맞아주셨다. 손녀의 남자 친구로 나는 어려울 법했지만 그렇게 어색하거나 긴장이 되지는 않았다. 할머니는 일단 밥을 차려주셨다. 반찬은 이미 꺼내놓으신 상태웠고 작은 밥솥에서 움푹 파인 밥그릇에 밥을 퍼주셨다.

"할머니, 나는 많이 안 먹어. 조금만 줘."

"이만큼?"

"응. 그만큼."

지혜의 말투는 할머니 앞에서 살짝 달랐는데 말끝을 끌거나 길게 잇는 것 없이 산뜻하게 끊겼다. 알루미늄 배트로 치다 나무 배트로 치는 울림의 모아짐이었다. 아마도 지혜의 어릴 적 말투가 묻어 있을 것이었다.

우리는 거실에 상을 펴고 밥과 반찬을 날랐다.

마스크를 쓰고 있던 나는 식사를 위해 마스크를 벗으면서 "미남의 얼굴을 보여드리겠습니다!" 재롱을 부렸다. 할머니가 웃으셨다. 흑미가 들어간 밥에는 밤도 있어서 밥맛이 달았다.

할머니는 "지난해에 깐 밤을 냉동실에 넣었다가 밥이 뜨거워질 때 언 상태로 넣으면 맛있다"고 하셨다. 상에는 돼지고기 조림, 나물, 김치 등이 있었는데 마음속까지 따뜻해지는 밥상이었다.

"진짜 오랜만에 먹는 집밥이에요. 저희는 나가서만 먹으니까 이런 집밥이 정말 좋네요!"

속이 편하고 쌀알이 통통한 할머니의 밥. 많이 먹어도 부대끼지 않는 밥상은 영혼까지 채웠다. 우리는 자연스럽게 대화를 이어갔다.

"여기 오신지는 얼마나 되셨어요?"

"내가 지금 여든일곱이니까, 일흔 하나에 왔어."

"16년이나 되셨네요!"

"처음에 성산동에서 왔을 때는 맨날 울었어. 처음 7년은 연희동, 성산동, 서교동 이런 데에서만 놀고 맨날 밖으로 나가고 여기선 안 놀았어. 그러다가 노인정 회장님이, 나보다 한 살 많아, 팔목을 끄집고 냉면 한 그릇 사주는 바람에 노인정에 나가기 시작했어."

지금은 노인정 회장도 맡고 계셨다.

"나를 (회장에) 앉혀가지고…… 할머니들은 잘 삐져서 힘들어. 이 사람 눈치도 봐야 하지, 저 사람 눈치도 봐야 하지. 아휴, 힘들어."

"회장 하면 좋은 것도 있나요?"

"없어…… 나는 저기 저 고도리 대장이지." 웃으셨다.

"사람들이 나보고 언제 오냐고. 화투 치는 거 기다렸다고. 점당 검은콩 하나씩 둬서 해."

"그게 카지노 코인이네요."

"코인이네 할머니. 그게 코인이야." 지혜가 말했다.

그러다 우리는 동전 이야기, 요즘 은행에는 동전 세는 기계가 없다는 이야기, 직접 세서 가야 한다는 이야기, 신임 대통령 이야기, 귀부인 이야기와 조 바이든 이야기(?)까지 계속 대화를 이어갔다.

할머니는 38년간 계 '오야(대장)'를 한 일화와 산악회를 했던 이야기도 들려주셨다.

할머니 댁은 물건이 적고 정돈이 잘 돼 있었는데(지혜는 이런 것을 두고 할머니가 대단하다고 자주 칭찬을 했었다) 나의 이론, 숲과 산이 인간에게 단정함을 선사한다는 이론의 선례가 된다고 생각했다. 물론 예외도 있겠지만 말이다.

그리고 물고기 구피 이야기도 해주셨다. 특히 그것을 말하실 때는 할머니에게 진정한 마음이 느껴졌다.

"물고기가 배가 뚱뚱해져서… 고것도 산통을 느끼는지 가만−히 있다가 조금 가다 가만 서고, 조금 가다 가만 서고 하면서 가만−히 있다가… 검은 점 같은 게 있어. 거기서 뿅뿅하고 새끼가 한 마리씩 나와. 새끼도 나오면 어리둥절한지 또 가만있어. 그럼 어미가 가서 톡톡 쳐. 움직이라고 톡톡 건드려… 새끼를 한 번에 3, 40마리씩 낳는데 고게 얼마나 재밌던지!" 호호 웃으셨다.

우리는 또 이런저런 이야기를 나누다가 (지혜는 할머니와 나를 신경 써서 물을 챙겨줬다) 할머니는 그림을 보여주셨다.

베란다에 핀 꽃 얘기를 하고 있었는데

"저 꽃 이름이 뭔지 알아?" 할머니.

"제라늄!" 지혜.

제라늄이 활짝 피어 있었다.

식물 그림을 보여주신다고 그림책을 가지고 오셨다. 그림은 오이, 감자, 옥수수 등에 채색을 한 채색화였다. 할머니는 '오이'라고 하면 단순 오이 색으로 모두 칠한 게 아니고 보라색과 회색을 섞어 정말 눈에 보이는 것처럼, 또 있는 그대로의 심리적 왜곡도 적용하여 색칠하셨다.

비단 오이뿐만 아녔다.

양파와 배추도 선이 보이는 색연필로 정성 들여 채색 하셨다. 완성된 그림에는 미끄러운 볼펜으로 완성된 날짜를 그림 아래 적어두셨다. 하루 이틀 만에 다음 그림으로 간 것도 있었고 한 달이 걸린 것도 있었다.

나는 식물을 좋아해서 그림들이 정말 마음에 들었다.

"할머니 병원에 있을 때 사준 거잖아."

"우리 지혜가 나 할 거 없다고 사준 거지."

알고 보니 지혜가 사준 책이었는데 참 잘 골랐다고 생각했다. 그리고 다른 채색 책도 몇 권 있었는데 혀를 내두를 정도로 난이도가 높은 것들도 모두 꼼꼼히 색칠돼 있어서 놀랐다.

"요즘 사람들은 이렇게 못할 거예요! 다들 지겨워서 못할 거예요. 대단하세요!"

한 장에 십 수개의 선물 상자와 십 수마리의 고양이, 십 수개의 꽃이 있는 그림임에도 허투루 놓치는 것 없이 꼼꼼한 주의력을 기울여 칠하셨다. 과연 우리 세대 중 누가 이렇게 처음부터 끝까지 할 수 있을까 하는 생각이 들었다. 고양이 하나마다 다른 무늬를 넣어주셨다. 과연 누가 이렇게 할 수 있을까? 꽃잎 한 장마다 다른 패턴을 넣어주셨다. 과연 우리 중 누가 옆에 같은 모양으로 비어있는 꽃잎을 향해 이전과는 다른 색깔을 주기 위해 고민할까?

할머니는 집중의 속도를 유지하시면서 루시안 프로이트가 잎사귀 하나를 거의 그것이 자라는 속도로 식물의 섬유질에 옳은 색을 부여한 것처럼 천천히 그러나 고른 밀도로 칠 하셨다. 우리 세대는 쉽게 시작해서 쉽게 놓지 않는가? 나만은 확실히 그랬다. 각종 변명을 늘어놓았다. 구구절절 그만둘 이유는 잘 찾았다. 우리 세대가 발전한 것이라면 그 부분에선 확실히 발전했다고 말할 수 있었다.

지혜가 "할머니가 젊고 기회가 있었으면 본인을 더 잘 펼칠 수 있었을 거"라고 했던 게 맞아 보였다. 지혜 할머니라고 편파적인 해석을 가하는 것일 수도 있지만 나는 그림에서 할머니 내면의 힘을, 거대한 산 봉우리 같이 굽히지 않는 굴기를 느낄 수 있었다.

어쩌다 전쟁 얘기가 나와서 지혜가

"핵전쟁이 나서 한 번에 멸망하면 난 괜찮아! 한 번에 먼지가 되면 그건 괜찮아!" 라고 했다.

나는 순간 예쁜 말 너스레 떨기 광대가 되어

"난 안돼! 이렇게 예쁜 할머님과 지혜를 봐야 해서 난 안돼! 싫어!"

재롱을 떨었다.

할머니는 하하핫(요놈 봐라?) 웃으시면서 "싸우진 않겠네." 라고 좋아하셨다.

어느 정도 시간이 돼서 우리가 꺼내본 것은 가족사진이었다. 두툼 고기처럼 무거운 사진첩에는 지혜 아버님의 유년 시절과 친척 어르신의 결혼식 사진, 얼어붙은 광택으로 붙잡힌 얼어붙은 표정의 80년대, 전통혼례복과 그 시절 유행하던 화장법 신부, 그리고 곧이어 어릴 때의 지혜가 나오기 시작했다.

지혜는 중고등 시절이 나올까 봐 "살이 떨린다."고 했다. 다행히(?) 그런 건 없었고 아주 작고 귀여운 쪼꼬미 지혜만 서너 번 볼 수 있었다. 콩알만 해서 지금의 모습도 약간 간직하고 있는 작은 지혜는 아주 귀여웠다. 영혼을 우여곡절을 지나도 그때부터 지금까지 보존되는 것 중 하나라고 한다면, 만일 내가 어렸을 때의 지혜를 만났다면 그때도 지금과 같은 어느 것을 조금은 느낄 수 있을 것이라 생각했다.

일어났다.

"가니까 서운하네. 또 와…."

"네, 할머니. 이제 오는 법 알았으니까. 또 오겠습니다! 그렇게 멀지도 않아요!"

할머니를 푹 끌어안고 우리는 집에서 나왔다. 할머니는 엘리베이터까지 배웅해주셨고, 닫힌 엘리베이터의 작은 창문으로 우리는 내려가고 할머니는 올라갔다. 여기엔 쓰지 않았지만 결혼 이야기도 잘하고 왔다.

"할머니께 제일 먼저 말씀드리려고 온 것도 있어요!"

잘 왔다는 생각이 들었다. 바깥 기온은 떨어졌지만 해는 아직 한창이었다. 지혜와 나는 기분 좋게 아파트 단지를 나왔다.

한남동 쇼룸과 드래곤 펀치

연남동 숲길, 한 사람이 노래 부르고 있다. 〈잔디밭 방충제 살포로 착석 금지〉라고 내건 구청 현수막 옆.

감미로운 발라드. 음반을 틀어놓은 것과 여하 차이 없는 잘 부른 노래. 하이라이트에 와서 코를 찡긋하고 높은 음에 집중하는데, 가수는 진정 수없이 많이 지나가는 행인 중에서도 자기 안에 있었고, 다른 이는 신경 쓰지 않았다.

잘한다는 건 추잡하다는 것이다. 잘한다는 건 너무 진지한 일이고 자기 안에 몰입돼 뭐라 말하기 어려운 추잡함을 숲길에 방영하는 일이었다. 가수를 보니 확실했다.

좋은 목소리를 내느라 엄청 고통스러워 보였고 굳이 그고통을 드러내고 있었다. 그는 남들과 확연히 달랐는데, 걸신들린 먹보가 너무 많이 먹듯 너무 많은 실력을 매일 섭취해 쌓아놓고 있었다.

가수는 노래를 잘 불렀다. 무슨 일이 있어도 '나에겐 비장의 무기가 있어'라고 안심을 피력할 만큼 실력파였다. 왜 가수는 노래 불러야 하는 거지…? 단순히 노래 부르는 게 좋아서…? 모든 걸 잊기 위해……?

홍대 AK몰에 가 티셔츠를 찾았지만 마음에 드는 게 없었다. 한 층만 둘러보고 지쳐 나왔다. 화장실에서 만난 어느 모자 쓴 남성은 내 옆에서 볼일을 보며 지극히 상투적인 어투로

"서러워서 지방 살겠나… 서울 사람이라고 안 나오는 거냐?… 경기도가 왜 지방이야 서울이지…."

친구보고 홍대로 나오라고 구슬렸다. 나오고 싶다가도 안 나오고 싶어지는 구슬림이었다. 못한다는 것 또한 추한 일이다. 세상에 추하지 않은 것은 없었다.

역전우동에 가서 우동에 미니치킨덮밥을 사 먹었다. 역전우동 홍대점은 만원이었고 테이블이 비면 바로바로 채워졌다. 나처럼 음식을 싸구려로 먹으려는 사람들로 가득이었다. 꼬마들과 어린이를 데리고 온 부모, 초중딩과 돈 없는 20대 커플 등 다양했다. 그중에는 명품 구두를 신은 여성도 있었다. 직원은 화가 난 듯 보였고 "번호표 갖고 오세요!" 번호표 안 가져온 손님을 혼쭐내주는 건 당연한 수순이었다.

우동이 사천 원이었다.

어떤 초등 어린이는 알아서 자리를 찾는 시스템에서 문 앞을 가로막고는 열심히 메뉴를 빼느라 진땀을 흘리는 직원에게 "자리 있어요? 자리 있어요?" 멍하고 바보 같은 목소리로 물었다. 직원은 저쪽 구석에 가서 앉으라고 했다… 바로 내 옆자리였다…. 초등학교 여학생 둘은 냉메밀 한 그릇을 시켜 같이 먹었다. 자기들끼리 키득대고 우스운 소리를 하는 게 귀여워 보였다. 어릴 때 홍대에 놀러 온 지혜가 저랬을까? 뭐든 신기하고 재밌고.

시장통이 따로 없는 역전우동에서 특이한 점 한 가지를 발견했는데, 바로 나였다. 너무도 심한 단정함이 (촤르륵 줄을 세워 놓은 단무지, 마치 3만 원 정식을 먹는 듯 바르게 횡으로 올려놓은 젓가락, 영수증 위에 각 맞춰 올려놓은 깨끗한 검정 아이폰 미니) 이곳에서 발생하고 있었다.

"157번 손님! 157번 손님!"

직원 바로 앞의 남자가 잘못 들어서인지, 빨리 먹고 싶어서인지, 엉덩이에 구겨진 바지를 펴기 위해서인지, 그 말을 듣고 일어나 직원에게 얼굴을 들이밀었다.

"157번이세요?"

"아니요."

각색된 듯 차분하고 진중한 말투가 뒤에서 등장했다.

"접니다…."

나였다. 번호표도 묻기 전에 드렸다.

"감사합니다…."

쟁반을 들고 조심히 내 자리, 초등학생 옆으로 왔다. 나는 그런 태도에 길들어 있었다. 나는 이 시장통 같은 분위기에서도

"잘 먹겠습니다."

함부로 후루룩 하는 것 없이 마치 이 순간만을 기다렸다는 듯 우동 한 그릇을 소중히도 먹었다. 더럽게 가시 박힌 모습이었다. 누가 진중함, 단정함, 차분함, 정갈함의 마취총을 여러 대 쏴서 그럴 수밖에 없는 사람처럼 보였다. 주변인들과 사뭇 달랐고 첫 젓가락부터 마지막까지 놓치지 않고 면을 음미했다.

우동은 사천 원이었다.

잘한다는 건 추잡하다는 것이다. 방정맞지 못하다는 건, 후루룩후루룩 배로 넘기지 못하다는 건 굉장히 추한 자기도취다. 자신감 있는 사람만큼 기분을 더럽게 하는 사람도 없다. 나는 떨어진 검정 마스크를 주워 옆 초등학생에게 줬고

"아…! 감사합니다…."

혼자만 무게 있는 사람처럼 우동 사천 원 집을 나왔다. 이렇듯 소설은 나에게 잡고기를 제거해 주는 기계처럼 번

잡함을 도려내는 기능은 확실히 하고 있었지만 나는 그 효과만 받은 채 진짜 소설은 사라지고 있다고 느꼈다. 기능과 텍스트만 남고 소설 자체와는 작별을 고하는 것이다.

걸어서 상암 월드컵경기장까지 가 펀치 기계를 두 대 때렸다. 기계의 최고 기록이 9565점이었는데 나는 9528점이 나왔다. 이걸 치려고 지난 한 주간 운동에 신경 썼다. 9528이면 지난번보다 40점 올랐다. 그렇게 오백 원어치만 하고 다음 주를 기약했다.

지혜가 펀치 기계가 있는 월드컵경기장으로 왔는데 오락실을 쑥 둘러보고는 아무것도 하지 않았다. 경기장 밖으로 나가 마스크를 벗었더니 얼굴에는 고민의 흔적이 묻어 있었다. 우리는 7730을 타기 위해 상암동의 정류장까지 걸었다. 가는 중에 무거운 짐을 들고 기우뚱거리는 아주머니를 만나 짐을 들어드렸다. 고춧가루 포대기였다.

"큰딸이 빻아서 갖다 줘 가지고⋯."

"아니 그럼 집 앞까지 딱 갖다 드려야지."

"걔도 바빠서⋯."

"어디까지 가세요?"

"1동까지 가."

1동이 어딘지 몰라도 왠지 제일 앞에 보이는 동 같았다.

"어디까지 가요?" 아주머니가 물었다.

"저희는 정류장까지 가요."

지혜는 가는 중에도 어딘가 애매한 위치에서 걸었고 그것도 기분이 안 좋은 표현으로 느껴졌다. 나는 지혜에게 "옆으로 오세요." 같이 가자고 했다. 우리는 집으로 돌아와 각자 할 일을 했고 저녁 아홉 시쯤 나는 샤워를 했다.

거실에 지혜가 안 보여 무얼 하나 방을 보니 내 방에서 가져온 하이네켄 담요를 베고 자고 있었다. 나는 그때부터 오래간 하지 않았던 집 방바닥 전부 손으로 닦기를 했다. 뭔가 잘못되고 있을 때, 되돌리고 싶을 때, 소설이 사라질 때, 지혜가 좋아 보이지 않을 때, 여하간 내 손으로 어찌할 수 없는 것들이 벌어질 때 나는 청소로 기도를 했다.

무릎을 꿇고 바닥을 기어 다니는 것은 티벳의 그것과 같았고, 바닥에 붙은 먼지를 닦는 것은 수사가 성상을 닦는 행위와 같았다. 지혜는 계속 잤고 마음속 심려를 어찌할 수 없기에 잠을 선택한 것 같았다. 이걸 언제 닦았더라? 먼지와 꺼먼 때가 우리가 마음 놓고 다니는 장소에도 가득 묻어 나왔다. 오래간 정리되지 않았던 냉장고 옆 구석도 정리를 했다. 작년에 산 김부각이 나왔다. 냉장고도 앞으로 빼서 안의 먼지를 닦았다. 냉장고도 닦고, 욕실 발판도 교체하고, 신발장도 닦았다.

다시 지혜를 봤을 때는 하이네켄 담요를 덮고 여전히 자고 있었고, 또 언제 보니 침대에 등을 기대고 핸드폰을 하고 있었다.

"방바닥을 다 닦았어."

"방바닥이 뽀드득해졌겠네!"

자고 나니 조금 나아 보였다. 지혜는 일어나서 택배를 쌌고(지혜의 부업 같은 것이었다) 나는 어제 빨래한 지혜 이불의 겉감과 안감을 합체했다. 지혜의 이불은 조립이 무척 어려웠는데 이불이 거의 정사각형에 가까워서 어디가 옆이고 어디가 위인지 구별이 안 됐으며, 이불도 두꺼워 그 안에 푹 들어가야 해서 너무 더웠고, 변마다 4개씩 있는 속 줄은 모두 손으로 직접 묶어야 했다. 더운 이불 속에서 총 열여섯 개의 끈을 묶었다. 태양 구름에 들어가서 일하는 느낌이었다. 도대체 어디가 긴 쪽이고 어디가 짧은 쪽인가? 게다가 앞면과 뒷면까지 맞춰야 해서 환장할 노릇이었다.

땀을 뻘뻘 흘리면서 해냈다. 지혜는 고생이 역력한 나를 보고 웃었고 나는 찬물로 다시 샤워를 했다.

"너무 더워!"

그래도 지혜가 이불과 씨름하는 건 막아서 나는 좋았다. 나는 지혜를 돕고 싶었다. 대소사를 모두 마치고 지혜는 내 방에 누웠다.

"인교, 나를 미워하지 마."

여기서 미워하지 말란 말은 세 가지 의미로 들렸다.

첫째, 내가 무슨 일을 저질렀으니 지금 내막을 밝혀도 미워하지 말라. 둘째, 나는 앞으로 미워할 짓을 할 것이니 그래도 미워하지 말아 달라. 셋째, 순수하게 지금 나를 미워하지 말라.

"왜 미워해…?"

지혜의 말은 갑자기 방바닥 전부를 닦은 것이 자신이 미워서 화를 삭이려고 그런 것 아니냐는 것이었다.

"나는 지혜가 좋으라고 집을 닦았어."

지혜는 고민을 털어놓았다.

"비뮤즈(지혜가 가장 좋아하는 의류 브랜드로 현재는 베뉴엣BENUET)에서 한남동에 쇼룸을 오픈하는데 거기서 같이할 사람을 구한대. 내가 될지는 모르지만 쇼룸에 있는 나를 상상하니 회사에 가기 싫어졌어."

그것을 듣고 나의 일장 연설이 시작됐다.

"우리가 뭘 한다는 건 고통을 극복하기 위해서잖아. 최고가 되려는 건 최고가 아니기 때문이고. 지혜가 쇼룸에 가고 싶은 건 일적으로 지금의 지혜의 일이 예쁘지 않기 때문이고. 동의하나요(?)." 그러나 직무특성과 업무 적합도 등을 따졌을 때 나는 "좀 더 두고 보자."고 했다. 지혜도 이미 알고 있던 것인데 그걸 내 입으로 꺼낸 것뿐이었다.

"쇼룸이 생기면 가서 직원이 하는 일도 보고. 어떻게 되는지 구경도 하면서 좀 더 지켜보고 하는 게 좋지 않을까?"

나는 책상에 앉아 있었고 내 앞에는 메모장이 놓여있었다. 나는 그런 말을 하고 메모장을 쫙쫙 찢어버렸다.

"그걸 왜 찢어? 뭐가 써 있었는데."

"그냥 낙서야. 괴로움이 극복되지 않는 소설. 그렇게 써 있었어. 그 밑에는 지혜를 돕고 싶다. 엄마와 문교를 돕고 싶다. 그렇게 써 있었어. 괴로움이 극복되지 않는 소설은 소설을 써도 경제적 문제를 가진 주변 사람들의 고통이 극복되지 않는다는 거야. 우리는 괴로움에서 벗어나기 위해 뭘 하는데 글을 쓰는 건 그런 고통에 도움이 안 된다는 거야. 엄마는 계속 힘들고."

지혜는 그래도 평소에는 주고받을 말이 없던 할머니와 내가 쓴 글을 읽어주면서 시간이 부족할 정도였다고 했다. "그리고 할머니가 이 말을 전해 달래. 언젠간 그 가지에서 꼭 꽃이 필 거라고."

그러나 나는 소설을 계속해야 할지. 내 장사든 사업이든 직원이든 돈을 버는 일을 해야 할지 계속 고민했다.

나의 부재를 위해

주중 내내 비가 왔고, 오다 못해 쏟아져 내렸다. 주르륵주르륵 떨어지는 빗방울은 샤워기를 틀어놓은 것 같아서 "이렇게 와도 되는 건가?" 자다가도 묻게 만들었다. 아니나 다를까 기록적인 폭우라 했고, 하층 제트로 밤에 오는 게 특징이라던 이번 비는 자면서 계속 비가 퍼붓던 기억으로 남았다. 어느 때건 비가 왔는데 강렬하게 몰아치거나, 더 강렬하게 몰아치거나 둘 중 하나였다.

너무 심할 때는 잠에서 깨기도 했다.

금요일이 돼서야 비가 멈췄고 물빛 하늘에는 적란운이 파라노마처럼 넓게 펼쳐져 있었다. 비가 그치자마자 광열이 내리쬐더니 땅에 떨어졌던 모든 수증기를 빨아들여 무한한 수증기가 굴뚝처럼 전 하늘을 뒤덮는 장관을 연출했다. 정훈님은 막 출근한 나에게 "인교님은 따로 하고 싶은 거 없으세요?" 물었다.

"저는 제 장사도 하고 싶고, 일을 더 하고 싶기도 한데 (돈 때문에) 글을 못 놓네요."

"쓰시는 걸 좋아해서 다른 걸 못하신다, 이런 건가요?"

"말 그대로 글을 못 놓는다는 건데. 약간 이게 아니면 살 이유를 못 찾겠고, 우울하고 해지는. 약간 노예 개념입니다. 시켜서 하는 느낌의. 너는 이거 아니면 제정신이 안 돼 해서 하는."

"그 정도는 아직 이해를 못 하겠어요."

"천부적인 거 같아요. 글에 대한 관심은 제가 정한 게 아니고 그렇게 타고난 거니까. 예를 들어 저는 음식에 관해서는 남들보다 못하거든요. 그건 제가 정한 게 아니고 알아서 미각이 그렇게 정한 거잖아요. 그와 같다고… 지금은 이해하고 있어요. 그래서 놓고 안 놓고 제가 할 수 없다고."

정훈님은 출판계가 어렵고 그래서 작가는 수입이 어렵다고 알고 있다고 했다.

"그렇죠. 니즈가 없으니까. 저마저도 요즘 책은 잘 안 읽는데요."

시간이 증명한 훌륭한 오래된 책도 있는데 신간을 사서 위험을 안을 이유가 나마저도 없었다. 글 전반을 아우르는 문장의 정확함에 흥미를 느끼게끔 돼 있는 나는 돈이 되지 않는 길을 계속 가고 있었다. 그리고 돈이 없으니까 우육인간이고 돈이 있었다면 돈육인간이었을 것이다. 하하?

정훈님과 나는 모호한 웃음으로 대화를 끝냈다.

"하하하!"

"하하하…."

겸연쩍은 웃음으로 주방과 홀로 나눠졌다.

그날 밤 피로에 지쳐 자려는데 막 잠이 들려는 찰나, 심장이 쿵쾅쿵쾅 뛰더니 왼팔이 저리고 눈앞도 전기가 흐르는 듯 보이지 않았다. 놀란 마음으로 깬 나는 내 왼편을 지배한 검은 전기와 함께 빨리 물 한 잔을 마시고 지혜 방 앞으로 가 앉았다. 왼팔과 왼다리, 심장이 저렸고 계속 주물렀다. 상황이 악화될 시 방문을 열고 지혜에게 119 좀 불러달라고 할 요량이었다. 그러나 지혜를 깨우고 싶지 않았다. 되도록 잠을 방해하고 싶지 않았다. 기절하고 푹 쓰러질 것만 같은 데도 혼자 버텼다.

"왜? 뭐 때문에 이러지?" 두려움이 엄습했다.

죽음에 대한 공포가 가슴에 서렸다. 심장에 기어들어 온 죽음의 올챙이는 심장부터 왼다리, 왼팔로 다리를 뻗고 꿈틀댔다. 얼마 지나 나아졌지만 잠자리엔 들지 못했다. 금요일이어서 꽤 피곤했는데 잠이 들면 또 그럴 것 같아 잘 수 없었다. 나는 하염없이 앉아서 시간을 보냈다.

"이렇게 모두를 두고 갈 순 없어. 지혜는 누가 돌봐. 쓰

러진 나를 어떻게 보여줘. 엄마와 승교, 문교에게 송장을
또 보여줄 순 없어."

그런 생각이 들다가.

"죽는다면 남길 건 무엇일까. 뭘 남겨야 할까. 일단 사망
보험을 들어놔야겠고…… 돈인가? 돈이 내가 남길 최고
의 값어치인가?

그러면 돈을 벌어야겠다. 딴짓 말고 돈을 두고 떠나야겠
다. 그러나 재산이 전부는 아니다. 내가 없이도 사람들이
행복하려면 나를 대신해 기능할 기계 같은 것을 남겨야 한
다. 지혜와 이해, 개운한 공기를 제공하는 기계. 단어의
잎이 찰랑거리는 읽는 사람을 보호해주는 단어의 숲을."

진지하게 생각했다. 그리고 나는 해가 뜨고도 한두 시간
을 보냈다. 직박구리의 *삐 – 삐 –* 소리를 듣다가 (해가 뜨
면 직박이가 제일 먼저 노래 부른다) 어느샌가 잠이 들었
다. 아침에 지혜를 보자 그제야 안심이 됐다. 지혜와 아침
인사로 포옹을 하자 진정한 안심이란 게 무엇인지 알 수
있었다. 괜찮았다. 무서운 시간이 끝났고 모든 게 괜찮아
지는 기분이었다. 이것은 어떤 기계도 대신해 줄 수 있는
일이 아녔다. 우리는 유한하고 잠시이며 없어지면 어떻게
든 해줄 수 없는 것들이 있었다. 그럼에도 나는 하는 데까
지 최선을 다해보고 싶다.

우육인과 직박구리

일요일 집을 나가는데 바닥에 떨어진 아기새 한 마리를 발견했다. 울음으로 보아 직박구리였다. 주위엔 어미새가 있었지만 아기새는 담장을 넘지 못하고 계속 떨어졌다. 그곳은 주차장이었고 고양이가 다니는 길이기도 했다. 나는 아기새를 위에서 날려주려고 3층으로 데리고 올라왔다. 어미새가 *삐익! 삐익!* 화를 냈다. 아기새가 울자 그 소리를 듣고 쫓아온 어미새는 우리 집 창가에서 빨리 내놓으라고 안달이었는데, 나는 널 도와주려는 거야.

방충망을 열자마자 아기새가 날았다. 그것은 꼭 기저귀를 차고 나는 모습이었다. 우리 집 바로 앞에는 향나무 한 그루가 있었는데 나는 이 어린 것이 그리로 날기를 바랐지만 아기새는 앞집 옥상 잘 보이는 곳으로 떨어졌다. 어미새가 쫓아갔다.

집에서 일하다가 다시 나갔다. 쓴 것을 되돌아보며 네

165

시간 후 다시 돌아왔다. 아, 그런데 아까 그 녀석이 이번에는 담장이 아니라 문 앞에 앉아 있었다. 초록빛이 감도는 작은 솜털은 지나가다 모르고 밟을 법했다. 이번에는 어미 새도 안 보였다. 고양이가 다니는 길이었다. 나는 다시 직박이를 집으로 데려왔다. 물을 주고 먹이를 줬다. 처음에는 좀 불안해하는 눈치더니 이내 안정을 찾았다. 먹을 게 최고였다. 직박이는 눈을 감고 잤다.

이 조그만 놈이 뭘 아는 건지 희한하게 안 보이는 곳에서 내가 뭔가를 하고 있으면 그 소리를 듣고 자꾸 울어 내 어깨에 올려줬다. 직박이는 새 특유의 잠자는 자세, 고개를 뒤로 말아 날개 사이에 머리 넣고 잤다. 나를 움직이는 나무 정도로 생각하는 건가?

머리를 하고 온 지혜가 돌아왔다. 어깨 위에 직박이를 올려두고 컴퓨터 타이핑을 하고 있었는데, 그 모습을 본 지혜는 "새 박사가 됐다"고 했다. 지혜가 그 모습을 찍어줬다. 현관문 소리에 깬 직박이는 '넌 누구냐!' 하는 모습으로 위풍당당하게 지혜를 바라봤다. 지혜는 직박이를 쓰다듬어 줬다. 녀석은 온순했다. 직박이는 우리를 어미처럼 여기는지 가까이 가면 밥을 달라고 입을 벌리고 날개를 파닥였다. 그러나 찔끔찔끔 한두 번 먹으면 그만이었다. 안 먹는다고 입을 다물고 또 잤다.

밤이 되자 어깨를 벗어나 바닥에서도 고개를 말고 잤다. 나는 새벽이 되면 직박구리가 가장 먼저 노래 부르는 것을 알고 있었다. 직박이 엄마는 매일 그렇게 집 앞 전선에서 노래를 불렀다. 그래서 나는 새벽에 어미가 오면 직박이를 보내줘야지 하고 생각했다.

희부연 새벽이 됐고 그날은 구름이 많이 낀 바람 부는 날이었다. 한여름 무더웠던 열기를 식혀주는 시원한 바람이었다. 나는 일찍 일어나 직박이에게 갔다. 아니나 다를까 밤새 잠만 자던 직박이는 벌써 일어나 있었다. *삑삑!* 저 날고 싶어요! 나를 보더니 방에서 한 번 날았다. 밥을 조금 주고 창문을 살짝 열었다. 밖에선 엄마 직박구리가 우는 소리가 들렸다. 그러나 직박이는 특별히 그것에 반응하진 않았다.

사실 아기 직박이가 한 마리 더 있었는데 (2박이) 그 녀석은 늦은 저녁 또 집 앞에서 자던 걸 발견한 친구였다. 지혜와 같이 나갔다가 돌아오는데 그놈이 고양이존에서 떡하니 몸을 말고 자고 있었다. 그 2박이는 1박이 보다 조금 더 꺼멨고 몸집도 컸다. 2박이는 창문을 열자마자 작은 틈의 하늘을 보더니 즉각 날아가 버렸다.

그런데 우리 1박이는 엄마 울음에도 미덥지근하고 고민을 했다. 나는 손가락 위에 1박이를 올려 창밖으로 손을 내밀어줬다. 그러나 직박이는 영 손을 떠나지 않아서 억지로 에어컨 실외기 위에 놓아줬다. 바람이 불었고 입이 삐죽 나온 직박이의 깃털이 휘날렸다. 깃털에선 회색빛이 감돌았다. 왜 날지 않는 거니?

직박이는 한참 고민을 했다. 집으로 돌아오려는 걸까? 깃털이 휘날리는 직박이는 눈을 이리저리 굴렸다. 나도 봤다가 하늘도 봤다가 했다. 그렇게 한참을 고민하다가 기저귀 비행술로 하늘을 향해 날았다! 어미새가 곧장 따라붙었다.

그렇게 직박이를 보낸 그날 오후. 1박이, 2박이 모두 전깃줄에 앉아 있는 것을 확인했다. 혹시나 몰라 불렀는데 오지는 않았다. *삑삑* 대기만 했다. 그리고 집으로 돌아왔을 때 나는 황조롱이가 직박구리를 움켜쥐고 사냥에 성공한 것을 목격했다. 직박구리 일대가 난리가 났고 성조 두 마리가 따라붙으며 황조롱이를 공격했다. 사냥당한 것이 성조인지 유조인지 확인하지는 못했다. 다만 그게 직박이만은 아니길 기원했다.

바람에 날리는 깃털과 고민하는 새벽의 직박이가 떠올랐다. 하늘은 아무것도 준비돼 있지 않았다. 하늘은 조용했고 모든 것이 가능했다. 직박이가 그리로 뛰어들었을 때 아, 나는 이해가 됐다. 직박이는 하늘이 멋졌던 것이다.

우리들의 행복한 우육전골

인사평가 결과를 면담하기 위해 관장님을 뵙고 왔다. 지난 설 매니저 제안 이후 반년 만에 찾은 사무실이었다. 전 직원이 돌아가면서 면담을 했고 이번이 내 차례였다.

"인교님은 사실 말할 게 없습니다."

관장님은 주섬주섬 노트북을 꺼내면서 말했다.

"면담을 통해 조사 결과를 공유하고 잘하고 계신 것과 부족한 부분은 개선해 보자는 취지에서 하는 것인데 사실… 인교님은 허허, 모든 부분에서 월등히 극단적으로 높으셔서 허허, 그래도 한 번 볼까요."

관리자분들이 평가해 준 결과였다.

"정량 평가에선 거의 만점에 가까운 점수를 받으셨습니다. 정성 평가에서는 짜고 한 것도 아닌데 모든 분이 공통으로 해준 키워드가 있습니다. '책임감'입니다."

"아, 네에~ 감삼다~ 하하, 후하게 주셨네요."

"인교님만 평가했다면 후하게 줬다고 할 수 있지만 전 직원을 평가한 것이라 상대적인 것입니다. 상대평가를 100점 만점으로 했을 때 인교님은 환산하면 95.3점입니다. 충성심 부분이 부족한데 이 영역까지 높다면 거짓말이겠죠?"

그리하여 본 평가 결과를 가지고 최우수 사원으로 지정해주신다는 것이었다. 포상은 급여 상승이었다! 야호! 그보다 반가운 포상은 없었다. 네네! 더 열심히 하겠습니다! 더 잘하라는 걸로 알겠습니다!

"나중에 공고를 할 예정입니다."

동기부여의 이유도 있겠지만 다른 사람들에게 위화감이 들 것 같아서 그 부분은 내키지 않았지만 그렇게 하신다면야 그렇게 하시죠! 예예! 다른 주제로 넘어갔다.

"요즘 하시는 건 어떠세요?"

나의 글에 관한 질문이셨다.

"똑같습니다. 전에 사무실에 왔을 때와 완전히 똑같습니다. 먹는 것, 하는 것도 똑같습니다."

관장님과 나는 이야기를 하다가 아직 글로 낸 결실이 아무것도 없음을 밝혔다.

"흔들리진 않으세요?"

"휘청이죠. 흔들리는 건 당연합니다. 그러나 저한테 중요한 건 제가 어떻게 느끼고, 어떤 감정이냐가 아니라 해야 할 일이 있고 그것을 실천하는 것이 중요하기 때문에 계속 그렇게 하고 있습니다."

"울림이 있네요. 배울 게 있는 시간입니다."

나는 어떤 것에 울림이 있다는 건지 몰랐다. 나는 내가 말을 조금 멋지게 꾸민다고 생각했다. 그러나 실제 그렇게 산 건 맞았다. 사무실을 나왔고 급여 상승이 기뻐 주저하지 않고 편의점에 가 헛개수를 사 마셨다. 이 정도 소비는 이제 아무것도 아녔다.

나는 이 사실을 지혜에게 전달하고 싶어 밤까지 기다렸다. 역시 돈이 최고였다. 나는 원래 '책임감' 있게 했지만 (사실 이 얘기도 모르겠는 게 나는 해야 할 일을 했던 것인데) 좀 더 신경 써서 바를 박박 닦고 쓰레기통도 박박 닦았다. 박박 닦는 게 이렇게 즐거운 일이던가? 나는 손님이 어떤 요청을 하든 쏘쿨하게 기꺼이 그것을 해드렸다. 진실로 기쁜 마음이었다!

퇴근하고 집으로 갔다. 나는 홍 관장님께 전해 들은 이야기를 지혜에게 해줬다. 지혜는 살짝 헛웃음을 터뜨리며 "당연하다"고 했다. 지혜는 내가 INTJ의 전형적인 특성을 발현했을 것으로 짐작하고 있는 것 같았다. 그건 INTJ의 특성이 아니고 개인적인 역량이 발현됐을 때 공통되는 지점을 INTJ의 특성과 엮은 것으로 보이는데……

　그리고 지혜는 나와 같이 시급 상승을 기뻐해 줬다. 나는 부자였다. 남들보단 거지였지만 어제의 나보단 부자였다. 적어도 지금 이 순간만은 우리들의 행복한 우육전골이었다.

쇠고기맛 청년주택 당첨기

청년주택 공고는 지혜에게 받았다. 현재 집과 멀지 않은 역세권이었고 시공사는 호반건설이었다. 우리는 가장 큰 48형 아파트에 청약을 넣었다(약 14평). 지원하는 과정에서 나와 지혜는 견해차를 보였다. 먼저 가격을 따지면 월 70~80만 원이 예상됐다. 나는 그게 비싸다고 느껴졌다. 평수는 지금의 집과 같거나 조금 작은데 나가는 돈은 두 배였다. 무엇보다 그곳의 위치는 번잡한 도심인 반면 이곳은 조용한 주택가였다. 나는 이곳의 향나무 뷰나 새들을 좋아했다.

물론 여기의 단점도 있었다. 여기는 지하철역과 멀어 빠른 걸음으로 역까지 15분이었고 그것은 지혜의 출퇴근을 힘들게 했다. 응암역에는 사람도 많아서 앉아 가는 경우가 거의 없었다. 이 점을 고려하면 역세권 청년주택으로 가는 게 맞았다(내가 생각하는 대안은 지혜 회사 쪽으로 이사해 아예 버스를 타고 한 번에 가는 방법이었지만).

지혜는 역세권 아파트에서 살아보고 싶다고 했다. 서울의 다른 곳은 비싸서 감당이 안 됐고 청년주택이면 그래도 살아볼 만하다고. 우리는 여러 가지 서류들을 준비해 지원했다.

"안 될 거 같아." 내가 말했다.

"나도 안 될 거 같아. 어떻게 되겠어?"

"그냥 넣어보는 거야. 이렇게 청약 연습을 하는 거지."

그 점에는 합이 맞았다. 그리고 나는 되어라 기도 올리는 것처럼 시공 중인 공사 현장을 세 번이나 방문했다.

지원자 발표가 났다. 최종 경쟁률은 44:1.

"인교, 만약 44명이 있는데 총을 쏜다고 해. 한 명만. 그럼 내가 죽을 거 같아? 아니. 난 죽을 거 같지 않아. 딴 사람이 맞을 거 같아. 안 될 거 같아."

"내가 생각해도 그래. 나도 안 맞을 거 같은데?" 역시 되지 않을 것 같았다.

추첨 결과 6배수를 뽑았는데 대기 251번을 받았다. 251번까지 순번이 돌아오는 건 아무래도 어려워 보였다.

"역시 애매한 운이야. 좋지도 나쁘지도 않은 운. 항상 그랬어." 지혜가 말했다.

"나도 운이 좋았던 적이 없어. 이런 거 뭐 된 적이 없어."

내심 되지 않는 쪽에 1g 정도의 마음을 뒀지만 떨어지니 못내 아쉬웠다. 가지 않더라도 내가 포기를 선택해서 그러고 싶었다.

안내에는 '순번에 따라 순서가 오면 개별 연락을 준다.'고 했다. 그러나 역시 연락은 오지 않았다. 그렇게 첫 번째 지원은 낙첨이었다.

두 번째 라운드. '36A형 추가 공개모집'이란 문자를 받았다. 나는 그냥 넘겼는데 지혜가 진행해 보자고 했다. 지원은 쉬웠고 그래서 일단 했다. 추가 모집의 좋은 점은 지원 당일 5시에 바로 추첨을 하는 것이었다. 그리고 다음 날이 바로 계약이었다. 36A형은 약 11평에 가격도 저렴했다. 모두 따졌을 때 월 60~70 정도 됐다. 차라리 여기가 나은 게 아닐까 하는 생각이 들었다.

이번에는 별 기대를 하지 않았다. 이전에 이런저런 미신, 될 것 같은 좋은 느낌, 긍정적인 증후들, 약간의 기대감 등이 주사위 굴리기 앞에선 아무것도 아님을 깨달았기 때문이다. 내가 될 것 같은 예감으로 무엇을 느꼈다고 해서 주사위와는 아무 관련이 없었다. 주사위는 던지는 순간 시작해 떨어지는 순간 끝나는 독립 사건이었다.

36A형은 서른한 개가 있었고 추첨 결과 55번을 받았다. 이번에도 비슷했다. 2배수를 뽑았는데 탈락한 것은 아

니지만 거의 맨 끝에 걸린 것이다. 나의 운은 아예 없는 것은 아니지만 있다고 하기에도 애매했다. 하여튼 시행사에서 대략 2천만 원의 "계약금을 준비해서 내일 방문하라"고 했다.

"안 될 것 같지만 일단 가 봐요." 지혜가 말했다.

나도 마찬가지 생각이었다. "55면 맨 끝이지. 앞에서 열다섯이 포기를 해야 하는데 전 안 될 거 같아요."

나는 급히 우육면관 동료분들에게 이 사실을 알린 뒤("3시부터 추첨이라 늦을 수도 있을 거 같아요! 얼마나 길릴지는 시행사에서도 모르겠데요.") 현장으로 갔다. 지혜는 올까 말까 하다가 오후 반차를 내고 왔다.

우리는 서류 제출까지 마친 뒤 대조 초등학교 앞 맛나분식에서 떡볶이를 먹고 근처 카페로 갔다. 추첨을 하는 동안 지혜가 굳이 현장에서 기다릴 필요는 없어서 나는 지혜에게 카페에 있으라고 했다. 무슨 일이 있으면 부르겠다고.

"혹시 당첨이 되면 부를게!"

"응. 잘하고 와, 인교!"

모델 하우스에는 사람들로 북적였다. 얼마의 팀이 있을까, 나까지 추첨이 올까? 나는 청년주택이 있는 동네는 싫었지만(초록이 없었고 삭막한 도로와 도시 중앙이었다) 그래도 지혜의 원대로 되기를 바랐다. 대기자들은 긴장하고 있었고 나도 약간은 그랬다.

"3시부터 추첨을 진행할 예정입니다! 제가 번호와 이름을 호명하면 제 앞으로 줄을 서 주시고, 열 분씩 끊어서 지하 1층으로 가 동호수 추첨을 진행하겠습니다!"

양복 차림의 안내자가 알렸다.

나는 어디 꼼짝하지도 못하고 3시 정각을 기다리면서 이런 긴장 상황에서도 볼 줄 아는 눈, 식별하는 눈, 길을 보는 눈을 유지하는 것이 내가 지켜야 할 것이라고 생각했다. 한 마디로 딴생각을 하면서 시간을 보냈다.

3시. 호명이 시작됐다. 서류 검사 후 부적격자와 미참가자를 제외한 나머지 번호를 차례대로 호명했다.

"2번 ○○○님!" 1번부터 참석하지 않았다.

"3번 ㅁㅁㅁ님! 4번! 그다음이… 7번!" 껑충 넘어갔다.

"14번! 17번!" 또 세 개 넘어갔다.

처음 열 명을 불렀을 때 마지막 번호가 17번이었다. 그럼 곱하기 3 하면 54. 딱 내 앞에서 끊기는구나. 그리고 이번처럼 넘어가란 법도 없잖아. 그럼 안 되겠는데….

"다음 열 분! 18번! 19번! 20번!" 역시 안 되겠다. 빠지는 사람이 없네.

두 번째 열 명을 부르니 끝 번호가 삼십몇 번이었다. 내 앞에는 스무 개의 빈호가 있었다. 그중 반이 빠져야 했다.

나까지 순서가 올까?

"…55번 정인교님!"?. 왔다. '지혜님, 저까지 왔어요. 여기로 오셔야 할 거 같아요.' 카톡을 보냈다. 나는 추첨 장소로 가는 줄에 섰다. 어, 하다가 된 것이다. 이게 된 건가? 청년주택 당첨? 오!

대기줄을 따라 지하 1층으로 내려갔다. 1층에는 31명이 있었다. 그중 하나가 나였던 것이다. 된 거였다. 이번에는 동호수 추첨이었다. 상자 안에 손을 넣고 뽑는 아날로그 방식이었다. 내 앞에 분들이 뽑았다.

"16층! 축하드립니다. 딱 적당한 층을 뽑으셨네요!… 4층이요, 예, 입주를 축하드립니다, 고객님."

나는 가능한 밑층을 뽑고 싶었다. 아래층을 뽑아서 절대 엘리베이터를 이용하지 말아야지, 생각했다. 내 차례가 왔고, 나는 손을 집어넣었고, 몇 개의 종이들이 손끝을 지나쳤고, 무엇이 아래층이냐 알 수 없는 종이들을 넘기다가, 너다, 너가 감이 좋다, 한 놈을 골라 뽑았다. 그리고 내가 뽑은 것은 무려 꼭대기 맨 위층이었다.

아! 쓰바!

와! 이럴 수가 있나!

엘리베이터 탈 생각에 앞날이 까마득했다. 지혜와 함께 고민을 하다가("맨 위를 뽑아 버렸어요!") 친구들에게 물어봤다. 친구들은 꼭대기층이 좋다고 했다. 탄이는 꼭대기층에서 사는 게 꿈이라고 했다. 동주는 담배를 막 피울 수 있을 것 같다고 했다(나는 비흡연자다).

지혜의 친구분도 나쁘지 않다고 하셨다. 결국 우리는 계약을 하기로 했다. 그렇게 어어, 하다가 계약서까지 쓰고 나왔다. (계약서도 우리가 맨 마지막이었다!) 임대이지만 그렇게 아파트가 된 것이다. 실감이 나지 않았다. 좋은 건가, 나쁜 건가. 나는 계속 그런 생각이 들었다.

지금 집은 자연과 보다 가까운데 모두와 안녕이었다. 너무 높고, 삭막하고, 편리하고, 인공적인 것, 사람에게 나쁘다고 믿는 그 속으로 나는 더 들어가 보기로 했다. 지혜는 내가 이제 "독수리를 볼 수 있다"고 위로했고 나는 문을 열면 공기가 좋을 것을 위안으로 삼았다.

그날은 시간이 늦어 우육면관에 출근하지 못했고 급하게 월차로 돌렸다. 1호점 근무였던 민준 매니저가 대체해 줘 다행히 가능했다. 된 것이 좋은 건지 아닌지 지금은 모르겠다. 수영장과 도서관, 문학관도 있으니 좋은 건가?

이제 나의 백련산 오르막길 달리기 코스와도 안녕이었고 직박이와 새들, 고양이들과도 안녕이었다. 무엇이 좋은지는 가봐야 알 것이었다. 나는 그곳에도 숨쉬기 좋은 장소들이 숨어있기만을 바랐다.

신춘문예 가나전

홀서빙은 계속되고 있었다. 나는 평일 저녁 1층을 담당했고 블로거가 찍은 사진에 간혹 내가 나왔다. 우육면관에서 거의 1년이 되고 있었다. 이제 한 달이면 1년을 채웠고 실업급여 나머지 분을 받을 수 있었다. 우육면관을 다닌 것은 백 프로 만족이었다. 그렇지 않은 부분이 있어도 그렇다고 말하고 싶다.

나는 언제나 최고의 컨디션으로 일하길 원했다. 손님의 주문을 정확히 숙지하고 포스기에 찍는 것, 겹치고 엉킨 여러 주문에 정당한 순서를 부여하고 하나씩 처리하는 것, 단단함을 가지고 영업시간 끝까지 집중력을 잃지 않는 것, 이런 것은 상당히 어려웠지만 여하간 나는 최선을 다했다. 사과 한 알을 먹는 것도 그의 일환이었다. 영양과 소화, 가벼운 몸가짐을 위해 식후 사과를 챙겨 먹었다. 이를 중심으로 나는 글쓰기에도 정진하고 있었다.

버스를 타고 출근하는데 문득 오늘이 며칠인지 의문이 들었다. 11월 말의 어느 날이었고 날짜를 모르는 것도 아녔다. 이 날짜면 어떤 사건이 있었는데…… 하고 뭉뚝한 느낌을 받았다.

"올해도 신춘문예란 게 있을 것인데 응모 마감이 언제쯤이지? 작년에는 음, 11월 말이었고 오늘은 11월 28일이야. 음, 그렇지 그렇지. 그러면 계산을 해보자. 올해 신춘문예 응모 마감이 설마 이틀 남은 건 아니겠지?"

확인을 해봤다. '마감 임박', 'D-2', 'D-3' 등의 딱지가 붙어 있었다. "오오!" 영업을 시작하고 나는 잠시의 소강기에 공모 일정을 확인했다. 동아일보, 경향신문, 한국경제…! 젠장…! 나는 메뉴가 찍힌 포스 용지 뒷면에 대충 정보를 요약했다. 사실상 이틀밖에 없었고 부지런히 인쇄와 수정을 해야 했다.

그날은 축구 월드컵 본선 가나전이 있던 날이기도 했다. 일을 마치고 광화문 광장을 지나는데 저 멀리 이순신 장군 상 근방에 비가 오는데도 응원을 하는 많은 사람들이 보였다. 아직 0대0이었는데 버스를 타고 집에 가는 동안 두 골을 먹혔다.

결국 이렇게 되고 마는 건가…? 얼른 씻고 가나전도 봐야 했고 원고도 출력해야 했다. 거의 다 씻었을 때 우리가 한 골을 넣었고 "와!! 우리가 넣었다!! 와와!" 지혜. "어떻게, 어떻게! 봐봐!" 나는 욕실에서 문을 열고 맨몸으로 골 장면을 봤다. 머리를 말리는 사이

"와아! 인교, 인교! 또 넣었어!"

"우리가?!"

"어! 우리가 또 넣었어!" 또 한 골을 넣어 동점이 됐다. 나는 재빨리 프린터를 설치하고 장편소설의 인쇄를 걸어놓은 뒤 거실로 나와 지혜와 가나전을 봤다.

"슛 쏴야지! 슛! 슛! 거기서 뺑!" 지혜는 센터 서클 바로 앞의 미드필더에게 그렇게 말했다. 경기는 치열했다. 득점 후 서로의 팀이 흐름을 가져오려고 경합하는 상황에서 가나가 운이 좋게 득점을 했다. 우리 팀 골대로 날아온 낮은 크로스를 적팀 공격수가 헛발질했는데 뒤에 맨마킹이 없던 상대편 선수에게 들어가 마음 놓고 차 버렸다. 땅볼 슛, 들어갔다. "아……."

추가 시간 10분. 대한민국은 열심히 뛰었다. 될 것 같으면서도 아쉽게 조금씩 모자랐다. 상대편 문전 앞에는 가나 선수들 전부가 서 있었다.

"우리가 눈으로 보면 이렇지만, 경기장에서는 저 큰 가나 형들이 저렇게 서 있으면 슛할 공간이 보이지 않을 거야." 결국 패배. 너무 아쉬웠다. 마지막에 코너킥을 안 주

고 경기를 끝낸 것에 캐스터들이 화를 냈다. 나는 축구 경기를 더 보고 싶었다. 간만에 긴장감 넘치게 재밌게 봤다. 지혜와 같이 이 경기를 본 것도 재밌었다. 방으로 돌아가 단편 소설의 인쇄를 걸었다.

다음 날, 일어나자마자 노트북을 들고 파브스 커피로 갔다. 파브스를 3년 다녔지만 노트북을 가져간 것은 처음이었다. 나는 오늘 해야 할 일을 먼저 적고 (1.소설의 개요 및 취지 2.수필 탈고 3.장편 후반부 탈고 4.겉지 출력 5.송부) 차근차근 접근했다.

파브스에 두 시간 반이나 있었다. 보통 90분을 있는데 (나는 그것도 축구와 같다고 생각했다) 여하간 오래 앉아 있었다. 내가 파브스에서 한 것은 개요 작성과 장편소설의 후반부 탈고였다. 내숲도서관으로 가 책도 반납하고 제일 좋아하는 장소 중 하나인 비단산을 빠르게 가로질러(나무에 앉아 있는 어치와 계단 오르는 검은 고양이를 봤다) 자전거를 타고 집으로 쌩쌩 달렸다. 가는 중에 우육 멤버들에게 '오늘만 일이 있어 피치않게 10~20분 정도 늦을 수도 있을 것 같다'고 문자를 보냈다. 출근은 세 시간 남아 있었다.

총 네 편을 응모할 생각이었다. 장편 하나, 단편 둘, 수필 하나. 그러면 각 신문사 마다의 양식에 맞게 글자 폰트,

글자 크기, 겉지, 소개글 등을 만들어야 했고 따라서 나는 세 시간 안에 그런 것을 해야 했다. 차례대로 준비하고 있는데 지혜에게 전화가 왔다.

"지금 집 보러 온다는데, 괜찮을까요?"

"네네! 괜찮습니다."

나는 방에 넓게 깔려 있던 종이들을 한 곳으로 정리했다. 출력물들을 차곡차곡 쌓고 있는데 부동산에서 왔다.

"안녕하세요! 정리가 좀 안 됐어요. 편하게 보세요!"

"도배만 조금 하면…… 관리도 잘 돼 있고 구조도 좋아요, 그쵸?" 부동산 사장님.

"네네……" 방 보는 손님.

손님들이 가고 나는 다시 작업에 착수했다. 겉지도 만들어야 했다! 어떤 신문사는 겉지를 앞뒤 두 장 붙이라고 했다. 어느 곳은 원고가 흐트러지지 않게 제본을 하든, 스테플러로 찍던 하라고 했다. 나는 요청한 방식대로 준비했다.

밥도 먹지 못했는데 벌써 3시였고 원고들을 가방에 넣고 우체국으로 향했다. 우체국에는 사람이 만원이었는데 (망했다!!) 무슨 일인지 금융 대기가 11명이고 우편 대기는 0명이었다(다행이었다!!). 우체국 봉투 네 장을 뽑아 매직으로 보내는 사람, 받는 사람, 신춘문예 응모자 땡땡

부문을 쓰는 데도 시간이 꽤 걸렸다. 핸드폰과 우편 봉투를 번갈아 보며 주소와 우편번호를 썼다. 네 장을 작성하고 각각의 봉투에 맞게 원고를 넣었다. 섞이지 않게 주의!

그리고 나는 대기표를 뽑아(야호 앞에 아무도 없다!) 송부했다. 등기 비용은 총 17,000원. 그리고 출근. 식사를 하지 못한 나는 급히 어묵우동 곱빼기를 후루룩 먹고 지하철을 탔다. 10분 지각이었다.

이번엔 어떻게 될까? 아예 기대를 안 하는 건 안 됐지만, 이게 안 되면 내가 좋아하는 출판사에 응모할 거란 생각에 어때도 괜찮다는 생각이 들었다. 마치 우육면관 금요일 같았다. 휴일을 앞두고 오늘은 어때도 괜찮다는 느낌. (이렇게 넣은 네 편은 모두 탈락했다. 추후 좋아하는 출판사에 넣은 것도 모두 거절당했다.)

사전점검, 고소한 고소공포

청년 주택 사전점검 전날 나는 친구들과 모여 송년회를 했다. 간만에 만난 탄이, 용빈이, 동주 넷의 모임은 근 1년 반 만이었다. 탄이가 먼저 도착했는데 옆머리가 희끗해진 탄이를 보고 "흰 머리가 왜 이렇게 많이 났어? 우리가 이렇게 오랜만인가?" 얘기했다.

"원래 있었는데 나이가 드니까 생기더라고."

동주도 왔다. 동주 머리에도 새치가 많이 보였다. 그렇게 오랜만은 아닌데.

"도대체 이해할 수가 없네. 홍대에 사람이 왜 이렇게 많이 오는 거?" 동주.

"다들 머리가 허옇구먼." 나.

"저번에 봤을 때는 살쪘다고 그러더니 이번에는 늙었다. 얼평 쩌네, 아하하." 탄.

"아아! 아니, 그러려는 게 아니고…!"

우리는 가수 성시경님이 갔다 온 연남동 서대문 양꼬치로 갔다. 좀 먹고 있다 보니 용빈이가 왔다. 와! 간만에 본 용빈이는 영화로 누적된 피로로 엄청 늙어 보였다!

"용빈아, 미친놈이 왜 일만 하는 겨. 좀 쉬어 용빈아! 그러다 죽어."

"납치당했어……."

좀 슬픈 마음이 들었다. 용빈이는 원래 인자강 스타일에 날 때부터 건강한 사람이었는데 기력이 많이도 쇠해 보였다. 동주는 지금 다니는 회사를 한참 욕하려다가("순서대로 하겠다.") 우리들의 딴소리에 정작 별로 하지를 못했다.

"어묵탕이나 먹으러 가자!" 연남동 주민이었던 탄이가 2차로 데려간 어묵탕집에는 어묵탕을 팔지 않았다.

"미안하다."

용빈이가 파전을 먹는다고 막걸리를 시키자고 했다.

"아유– 연예인들이 또 아주 막걸리를 좋아혀." 탄.

"배우들이 많이 먹기는 한다." 용빈.

우리는 우도 땅콩 막걸리 두 통에 돼지김치찌개와 파전을 먹었다. 파전에서는 라드유 냄새가 많이 나서 맛있었지만 다소 전형적이었다.

"호랑이 생막걸리 먹어봐. 저거 좋아." 나는 용빈이에게 추천해주고 소주로 돌아갔다.

"다네." 호랑이 막걸리를 마신 용빈이는 참 맛이 간 친구처럼 막걸리가 달다고만 했다.

"힘내, 짜식아! 그러다 죽어!" 용빈이의 어깨를 주물러주니 실실 웃었다. 이런 병신.

3차로 노래방에 가서 맥주 열두 병을 마시고 노래를 잘모르는 나는 친구들이 부르는 노래를 들으면서 내일이면 잊어먹을 제목들에 신기해했다.

"아! 이게 이런 제목을 가진 노래였구나!"

한 시간 반을 부르고 나왔다.

"볼링 치러 갈까?" 탄이가 제안했다.

"난 이제 집에 가야 돼. 아홉 시까지 간다고 했어."

"아이, 뭐, 지혜 씨가 왜 아홉 신데 안 와!!! 어!! 막 이러는 겨? 하하하!"

"그런 건 아냐… 헤헤."

아쉽지만 오늘은 여기서 헤어졌다. 우리는 홍대 입구로 가서 갈라졌는데 동주와 용빈이는 일찌감치 에스컬레이터 100미터 안으로 들어가 손을 흔들고 있었다.

"가~!"

"다음에 또 보자구!"

집으로 돌아가 지혜와 또 한잔하고 ("열두 시간 연속 술 마시기!") 사전점검 날 아침 머리가 아팠다. 나는 일어나 얼른 굴국밥을 먹고 왔고 ("지혜님 죄송해요. 제가 머리가 너무 아파서 해장하고 와야겠어요!") 우리는 목적지로 향했다.

"어떻게, 긴장돼요?" 내가 물었다.

"아니요."

가는 길에 사전점검에 필요한 물품 몇 가지를 사고 (커피도!) 우리는 아파트로 갔다. 한겨울 방한용품을 입은 행사직원들이 101동 주변을 서성거렸다. 그분들의 안내에 따라 "입주를 축하드립니다. 몇 동, 몇 호실까요?" 우리는 행사장으로 가 신분확인을 하고 매니저분과 동행했다.

꼭대기층까지 오르는 엘리베이터는 역시 시간이 걸렸다. 15, 16, 17… 귀가 먹먹해져서 침을 한 번 삼켰다. 23, 24, 25… 종로 타워에서 일할 때는 33층에서 일하면서 괜찮았는데 이곳은 처음이라 그런지 고소공포증을 느꼈다. 꼭대기에 있다는 사실만으로도 긴장이 됐다.

아직 입주한 사람이 아무도 없는 아파트에는 황량한 기운이 감돌았다. 집이라기보다 차가운 석재 조형물에 가까운 느낌이었다. 매니저님은 우리 호실의 문을 열어줬다. 처음 입장하는 순간이었다. 문이 열리니 정면에 거대한 통유리창이 있었다. 하늘이 훤히 보이고 지평선, 그 아래로 작은 집들이 보이는 고층 뷰였다.

"여기가 딱 펼쳐져 있어서 좋죠." 매니저님은 하자보수 등록하는 법을 간단히 안내해주시고 퇴장하셨다. 우리는 집을 둘러봤다. 무엇보다 나는 "와, 엄청 높다!"는 느낌이 먼저 들었다. 거대 통유리창 앞으로 가봤다. 발목에서 시작해서 천장까지 붙은 유리는 공중에 선 기분을 선사했다.

창문 밖을 내려다봤다. 아래로 적벽돌의 주택들이 오돌토돌하게 깔려있었고 저 멀리에는 이마트가 작게, 앞에는 재개발 현장이 미니어처처럼, 지평선에는 신등 성이가 넓게 펼쳐져 있었다. 광활한 하늘에는 순풍을 타고 유유히 지나가는 구름! 고개를 내밀어 바로 아래도 봤다. 건물이 수직으로 서 있는 게 아니라 쏟아질 듯 앞으로 기울어진 느낌이었다. 침실 베란다 밖으로는 옆 동의 외벽이 보였고 정말 높은 곳에 휑하니 떠 있는 기분이었다. 보일러 연통에서 수증기가 피어올랐다.

우리는 사전점검을 시작했다. 큰 하자는 없었다. 어디는 심한 하자도 있다고 하던데 운이 좋았다. 실측도 했다. 줄자로 이곳저곳을 재면서도 나는 안정감이 전혀 없었다. 본능은 나에게 '너는 너무 높은 곳에 와 있어! 너는 떨어질 수 있어! 건물이 무너지면 끝이야! 그럴 때를 대비해 어서 달아날 수 있게 낮은 곳으로 가!' 경고를 줬다. 전날 마신

다량의 알코올 때문인지 떨어질 것 같다, 무너질 것 같다는 신호가 제어되지 않고 머릿속을 회전했고, 나는 기력이 쇠약해졌다.

"지혜는 괜찮아?"

"난 좀 무섭겠다 했는데 막상 와보니 아무렇지 않은데?"

우리는 실측까지 마치고 새집을 나왔다. 엘리베이터 버튼을 누르고 계단으로 나가 창밖을 봤다. 북한산이 바로 보였다. 높이에서 본 북한산은 뷰가 끝내줬다. 나는 10년 전 우연히 이 지역을 왔을 때 북한산을 등지고 있는 여기서 살고 싶다는 생각을 했었다. 그런데 진짜로 여기서 살 게 될 줄이야. 살고 볼 일이다.

지상에 내려오니 드디어 조금 안정이 됐다. 그러나 나는 본집에 돌아가기까지 아무 말도 하지 못했다. 그저 몸이 아주 차가웠다. 집에 돌아와서 뜨거운 물로 오래 씻었다. 수축된 혈관을 느슨하게 풀어줬다. 과연 살 수 있을까? 그런 생각이 들었다.

그날은 온종일 붕 뜬 느낌이었다. 말을 하기 위해선 무슨 말을 해야 할지 그 말을 인식에서 먼저 잡아야 하는데, 땅에 닿아 있지 않으니 아무것도 제대로 잡을 수 없었다. 붕 뜬 무중력 상태.

다음 날 부동산에 가 이사 날짜를 얘기하다가 부동산 사장님께 나는 고층의 공포감을 배출했다.

"어제 제가… 사전점검을 갔다 왔는데, 너무 높아서 깜짝 놀랐어요! 적응할 수 있을까요? 걱정이 됩니다."

"하하하! 다- 적응합니다! 금방 적응해요!" 귀엽다는 듯 호탕하게 웃으시는 사장님에 안도가 됐다.

"그렇죠? 다 적응하는 거겠죠?"

"그럼요!"

종로타워에서는 높다는 것은 알지만 무너질 거 같다거나 쏟아질 거 같단 생각도 들지 않았다. 고층 칭고에 누워 꿀잠을 자고 계단에 누워서도 잤었다. 지내다 보면 괜찮아지겠지?

지혜가 입주자 단톡방에 나와 같은 증세의 사람이 있는지 물었고 생각보다 많은 사람이 그렇다고 얘기해줬다. 완전 똑같은 동지도 있었다. 고소공포증이 심한 사람인데 탑층이 걸렸다는 것이다! 나와 똑같았다. 위로가 됐다. 예예, 우리 같이 잘 적응해 봅시다.

(입주 후 적응하는 데까지 장장 3개월이 걸렸다. 나는 그전까지 높은 곳에 있어 떨어질 거 같다는 비정상적인 긴장감을 안고 살았다.)

우육인의 혼례

쿵, 쿵, 쿵. "지혜님! 저희 혼인 신고 해야합니다!"

그것이 우육인의 프로포즈였다.

"대출을 받으려면 혼인 신고부터 해야 합니다!"

행정상의 절차를 위해 혼인을 받아들이기로 한 지혜는 평일 오후 반차를 썼고 나는 신분증을 필히 지참할 것을 언명한 뒤 한 시에 약속 장소에서 만나자고 했다.

"은평구청 가려면 응암역에서 702를 타면 편합니다."

그리고 문교에게 전화했다. 증인이 필요했기 때문이다. "신분증을 지참할 것"을 공표했다.

나는 카페에 들러 소같이 작업을 하다가(종이에 머리를 들이받거나 하지는 않았다) 시간에 맞춰 응암역으로 갔다. 지혜는 증인으로 와주는 문교에게 "맛있는 딸기를 사주고 싶다"고 했고 나는 좋은 생각이라고 했다. 그래서 우리는 먼저 이마트에 가기로 했다.

응암역에 도착한 나는 상암 경기장까지 길게 뻗은 불광천을 봤다. 혼인 신고 날의 풍경은 특별한가? 은빛으로 수놓은 불광천은 사진 한 번 찍을 만은 했다.

"지혜님! 저는 응암역입니다."

"앗! 저는 버스를 탔어요. 근데 버스는 왜 탔지?" 이마트를 가려면 타지 않아도 됐는데.

나는 불광천을 보고 있었고 지혜는 버스를 타고 나를 지나갔다. 지혜는 내가 어제 우직하게 말한 발언 "버스를 타면 은평구청 앞에 내려준다"를 실천해버린 것이었다.

"다음 정거장에서 내려주십시오! 거기로 가겠습니다!"
쿵, 쿵, 쿵!

나는 버스 정거장으로 가 지혜를 만났고 이마트로 가서 맛있는 딸기 두 팩을 샀다. 집으로 가는데 문교는 "은평구청 앞이야"라고 했다. 너는 또 왜 거기야?

"왜 거기야? 집 근처로 안 오고." 문교는 바로 올 수 있어서 바로 왔다고 했다.

"은평구청 여기서 한다며?"

"10분만 기다려. 금방 갈게."

"지혜님, 신분증 지참하셨습니까?"

"네."

집에 딸기와 가방을 놓고 은평구청으로 갔다. 파리바게

트 앞에 서 있는 문교는 웬걸 무슨 장보따리를 잔뜩 들고 있었다.

"아니, 무슨 짐이 이렇게 많아."

"시간이 남아서 앞에 마트에서 장 봤어." 오뚜기 카레 1kg, 바나나 한 팩, 각종 채소들이 있었다. 너무 무거운 재활용 봉투는 손잡이가 하얗게 늘어졌다. 너 참 증인 같구나! 필요한 물건을 스스로 살 수 있는 성인 증인!

"지혜, 문교는 처음 보는 건가?"

"무슨 소리를 하는 거야."

지혜와 문교가 동시에 웃으며 말했다. 둘은 몇 번을 봤는지 모른다.

"미안, 내가 소개시켜 주는 병이 있어서."

우리는 당당히 은평구청으로 입성했다. 대단히 많은 짐보따리의 문교는 짐을 민원실 소파에 두고 나는 문교에게 혼인 신고서 증인 란을 채워줄 것을 부탁했다. 문교는 이름, 주민등록번호, 주소 등을 작성했다. 지혜와 나는 창구로 가 "혼인 신고를 하려고요…." 신청을 했다.

준비를 잘해온 우리는 단번에 신고를 완료했다. 참 쉬웠다. 이것으로써 나라에서 인정하는 정식 배우자였다. 직원분은 "처리까지 일주일 정도 걸리실 거예요." 안내해줬고 대출 날짜 이야기를 하는 우리를 보고 "아마 일주인 전에 될 거예요, 호호." 친절히 알려주셨다. 감사합니다!

우리는 그다음 서류 세무명세를 뽑기 위해 2층 세무과로 올라갔다. "문교 좀만 더 기다려줘, 미안!"

나와 지혜가 세무과로 가니 창구 모니터 뒤에 가려 보이지 않던 직원이 "뭐 땜에 오셨어요?" 먼저 물었다. 나는 지방세납부증명을 떼러 왔다고 했다. 빠른 말에 다급해 보이는 직원은(민원인은 우리밖에 없는데도) 곧장 처리를 해줬다.

창구 직원 뒤로는 파티션이 사무공간을 나누고 있었고, 넓은 뒤쪽 공간에는 더 많은 직원들이 있었다. 오와 열을 맞춰 사각 조명이 사열된 천장의 세무과는 마치 3차원 에드워드 호퍼의 그림 속에 들어와 있다는 인상을 줬다.

변화무쌍한 바깥과는 달리(변화무쌍한 동식물, 변화무쌍한 채광, 변화무쌍한 대기) 그곳은 밤낮 일정하고 균일한 조도와 정확하고 바르게 잘린 공간으로 정지해 있었다. 그리고 그 정지 속에는 거의 아무런 움직임도 없어서 오직 세무과 직원들의 작은 움직임, 딸깍거리는 마우스와 부스럭거리는 간식의 소행만이 이뤄질 뿐이었다. 한 사람이 작은 목소리로 말하면 그 말은 사무공간 전체가 울렸다. 삭막함, 건조함, 날카로움이 그곳의 특징이었다.

처음 요청할 때 내역마다 각 두 통을 부탁드렸는데 한

통씩만 출력해준 직원은 머쓱해 하며 "아, 네, 어려울 것 없죠." 다시 컴퓨터로 돌아갔다.

핸드폰은 옷처럼 그 사람의 많은 것을 말해주지 않는가. 나는 꼭 깨끗이 닦은 세무직원의 말끔한 핸드폰을 보고 동질감을 느꼈다. 나와 동질의 사람이 나는 전혀 믿지 않는 공간에 있는 것 같았다.

내 얘기를 잠깐 하면 나는 세 가지 키워드를 잊지 않으려고 노력했다. 산록, 겸양, 충실. 나는 그것들과 함께 살려고 했다. 산록은 산의 녹색 자연이고, 겸양은 말 그대로 겸손함이고, 충실은 행동에 관한 충실함이다. 특히 그것은 움직임에 관한 충실함으로 프락시스(Praxis), 실천에 관한 충실함이었다.

세무과는 산록과 충실에서 반대편 척도에 있었다. 최소의 몸을 사용하고 기능하는 것이라면 세무지식이 저장된 그의 지적 두뇌뿐이고, 민원인의 요청이 있으면 두뇌 서고에서 알맞은 정보를 꺼내는 추상적인 두뇌활동이 행위 전반이었다. 내 기준대로라면 내 앞의 창구 직원은 괴로울 것이었다. 만약 그의 핸드폰같이 나와 같은 원리로 작동하는 사람이라면.

서류를 받은 나는 결제를 하고(한 부당 800원이었다) 지혜와 문교가 있는 1층 민원실로 돌아갔다.

"문교, 너무 오래 기다렸지. 미안하다! 배고플 텐데 어여 가자."

"괜찮아. 넷플릭스 보고 있었어."

"넷플릭스요? 뭐 보고 있었어요?" 지혜가 물었다.

둘은 무슨 일본 애니메이션을 말했다. "인교는 체인소맨 보다가 잠들었어요!"

우리는 구청 앞 〈모두와 돈가스〉로 갔다. 나는 지혜에게 김치볶음밥을, 문교에게 돌솥비빔밥을 사줄 예정이었다. 두 메뉴는 두 사람에게 꼭 맞는 메뉴였다. 모두와 돈가스는 전 메뉴가 5000원이었다(그해 기준). 요즘 이런 가격을 보는 것은 쉽지 않다. 그렇다고 대충 내주지도 않았다. 모두 정성 들여 내줬다.

입구에는 '바보 나눔터'라는 노란 딱지가 붙어 있었는데 그것엔 눈을 지그시 감은 바보의 그림이 그려져 있었다. 이 가게를 잘 말해줬다. 가격도 바보, 정성도 바보였다. 볶음 요리는 프라이팬에 불로 달달 볶아 냈다. 왜 5천 원이어야 하고, 왜 열심히 내야 할까. 모두 바보 같은 일이었다.

"사장님, 안녕하세요! 오늘은 단체로 왔습니다."

나는 주에 한 두 번, 우육면관에 출근하기 전 이곳에서 식사를 했다. 사장님은 웃으셨다. 문교는 어떤 집을 가든 사장님은 인교 형을 안다고 했다.

"형은 가는 데만 가니까. 그리고 형은 밥을 잘 먹어서 그럴 거야." 나는 밥을 남기는 적이 없었다.

나는 생각했던 메뉴를 시켰고 문교와 지혜 모두 "와! 맛있다", "어떻게 이 가격에 이게 되냐"고 했다. 김치볶음밥에는 심지어 반숙 계란프라이도 올라갔다.

우리는 밥을 잘 먹고 집으로 가 같이 사과를 나눠 먹었다. 나는 사과를 잘 닦아 껍질째 잘라줬다. 잠깐 이야기를 하다 문교에게 딸기와 사과 두 개를 챙겨주고 문교는 성산동으로 돌아갔다.

우육면관에선 선우님께만 조용히 오늘 소식을 알렸다.

"선우님, 저 오늘 결혼했습니다."

"아아…! 결혼 축하드립니다, 형님!"

"감사합니다! 하하!" 모든 것이 계획대로 되고 있었다. 이제 대출만 남았다.

그리고 다음 주 나는 은행에서 대출을 받지 못했고 "자격이 안 되세요." 그리하여 계획대로(?) 우리에겐 혼인 사실만 남았다.

1년 결산

12개월 차 월급을 받으면서 우육면관에서 1년을 채웠다. 처음의 질문으로 돌아가 그래서 실업급여를 때려치우고 다닌 건 잘한 일인가?

나는 그것에 답하기 위해 기준을 돈에서 찾는 나 자신을 발견할 수 있었다. 저축한 돈이 많으면 잘했어요 도장을 찍고, 아니면 아닌.

돈은 생각 이상으로 벌었다. 크게 상회하진 않아도 어쨌든 그 이상을 벌었다. 결국 1년을 채워서 고용노동부에 조기재취업수당도 신청했다. 300만원이 기다리고 있었다. 기분이 좋았다.

글에서는 우육인간을 썼고(바로 이것), 장편을 첫 문장부터 마지막 문장까지 새로 썼으며 단편 하나를 썼다. 자동차 회사에서 일했다고 해보자. 장편을 쓰고 수필을 쓰는 일은 상상할 수 없다. 와플 가게에서 네 시간씩 일했다고 해보자. 이만한 돈은 모으지 못했다. 나는 밸런스를 맞췄다.

우육과는 별개로 경사도 있었다. 지혜와 혼인 신고를 해서 정식 부부가 됐고, 청년주택 아파트가 됐다. 글은 되지 않았지만, 그건 시장에서 제품을 팔지 못했다는 뜻이지 기술적으로는 발전이 있었다. 질문은 명료해졌고 사상은 깊어졌다. 그래서 잘한 일이었느냐 물으면 잘 먹고 잘 잤는지를 따져보면 된다.

그야 물론이었다. 잘 먹고 잘 잤다. 실업급여를 포기한 것은 고로 훌륭한 선택이었다고 할 수 있었다. 우육인간에서 내가 전하고 싶은 메시지는 책이 아니다. 이렇게 살 수도 있다는 걸, 이렇게 사는 사람도 있다는 걸 친구들에게, 우리 세대에게, 다음 세대에게 보여주고 싶다. 나는 이 생활에 만족하고 있으며 누구와도 바꾸고 싶지 않은 1년을 살았다.

행동의 가치를 돈에 두느냐, 존재에 두느냐는 개인에게 달렸다. 어느 쪽이 우월하다 말하기도 쉽지 않다. 다만 후자를 선택한 사람이 있고 그는 목숨을 끊지 않았다. 그럼 된 거 아닌가?

우육전골관

우육면관에 변화가 생겼다. 그럼 그만둬야겠다. 가 아니고 간단히 말해 광화문점의 저녁 장사 방향성을 우육전골 쪽으로 힘을 줬다.

일단 메뉴판이 바뀌었다. 나는 돈 받는 직원답게 보수적으로 '기존 것도 좋은데'란 마음을 가졌다. 부드러운 인조 가죽 재질의 넘기는 메뉴판이 한 장짜리 무게감 있는 두꺼운 종이로 바뀌었다. 그림은 우육전골과 고량주만 있어서 그것들에 이목이 가게끔 디자인됐다. 뒤로 넘기면 그저 단조로운 문자로 우육탕면과 나머지 메뉴들이 적혀있었다.

그러니까 전골을 먹어보란 것이었다.

고량주는 관장님들이 엄선한 세 종으로 간략화했고, 그것은 병으로도 팔지만 분주기(分酒器; 술을 나누는 기구, 일식에서는 도쿠리)로 160mL씩 나눠 파는 방법이 생겼다. 저녁 영업을 '우육탕면에 전골도 파는 집'에서 '우육전골집'으로 변모를 꾀한 것이다.

영업 전 관장님과 사무실 직원분들이 세팅으로 분주했다. 영업 시작 후에도 관장님이 같이 일했다. 관장님은 분주기 나가는 모습을 직접 보여주시려는 것 같았다. 변화가 있으면 저항도 있는 법. 신기하게도 고량주를 찾는 첫 번째 손님이 이번에 없앤 술을 찾았다.

"여기, 술 다 바꿨어요? 전에 팔던 거 없어졌어요? 그거 마시려고 왔는데. 그거 없어요?" 퉁명스러운 손님은 실망을 표시했다.

"아, 예! 저희가 오늘부터 메뉴를 바꿨습니다. 엄선해서 고른 고량주 세 종으로 바꿨어요. 좋은 것만 모았으니 여기 있는 거 드셔도 후회하지 않으실 거예요!" 나.

"아, 그게 이름이 뭐였지? (핸드폰으로 찾았다) 그래, 백년호도. 백년호도 없어요? 백년호도 먹어보고 저번에 맛있어서 또 온 건데."

손님은 내 말을 듣지 않았다. 백년호도라면 우란산과 가격대가 비슷했다.

"그렇다면 우란산, 이 제품을 추천 드립니다. 북경에서 가장 사랑받는 술로 백년호도와는 조금 다르지만 과일향에 깔끔한 뒷맛이 특징입니다."

나는 우란산을 권했고, 안경 쓴 손님은 새로운 메뉴판을 그제야 유심히 보더니 내가 추천한 것을 분주기로 주문했다. 마침 관장님이 오셔서 "제가 어떻게 나가는지 그림을 한 번 보여드릴게요." 직접 시범을 보여주셨다. 숙련된 조교의 시범 보여드립니다.

관장님은 조직도 제일 상단에 있는 사람으로 일면 나와 멀어 보이지만 내가 하는 것과 같은 일을 하는 걸 보자면 (이를테면 땅콩 소분과 같은 것) 그 사람의 인간성이 들춰 보였다. 나와 똑같은 사람이고 똑같은 인간 원리가 작동하고 있구나 하는. 나는 시범을 보이는 관장님에게 인간미를 느낄 수 있었다.

관장님은 진지한 태도로 나무 트레이에 분주기와 잔, 우란산 한 병을 올리고 카운터석에 앉은 손님에게 다가갔다. 사실 그 거리는 1m도 되지 않았다. 손님은 관장님이 준비하는 것을 훤히 다 보고 있었다.

"이 술은요……" 고량주 설명을 하는데 우리에게 숙지하라고 했던 멘트 그대로가 아닌 조금 편하게 얼버무린 멘트로 손님께 전달했다. 우란산을 분주기에 따르는 데도 우리에게 제시한 160mL를 훌쩍 넘는 양, 손님이 왜 조금만 주느냐고 투정 부리지 않을 만큼의 가득한 양을 따라주셨다.

"대충 이런 그림입니다."

"네."

"앞으로 하시면서 개선 사항이나 이건 안 맞다 하는 게 있으시면, 인교님이 잘 보고 이야기해 주세요."

"물론이죠! 알겠습니다."

안경 손님은 우란산이 맛있다고 했고 그다음 단계의 공부가주 자약도 주문했다. 나는 아까 관장님이 보여줬듯 트레이에 자약 병과 청자를 닮은 푸른빛의 분주기, 잔들을 올려 사실상 바로 앞에 있는 손님(그들은 나도 훤히 보고 있었다)에게 마치 처음 선보인다는 듯

"자약은 공자의 집안, 공부가주에서 나온 신제품입니다. 병은 재밌게도 샤오미와 합작해서 만든 디자인이고요. 달콤한 과일향에 길고 진한 여운이 특징입니다, 맛있게 드세요."

분주기에 고량주를 따라줬다. 그날 분주기 사용은 그게 끝이었다. 2층에도 물으니 딱 한 번 나갔다고 했다. 메뉴판을 바꾼 효과는 확실했다. 전골이 많이 나갔다. 다음 주월요일, 두둑두둑 비가 왔고 전골이 많이 팔릴 것 같았다. 비가 오면 우육면관은 전골이 많이 나갔다. 2층은 예약으로 두 테이블 제외하고 자리가 없었고, 그마저도 시작과 동시에 차 버렸다. 그러니까 기다리는 손님들 모두를 1층에서 받아야 하는 상황이었다. 바뀐 메뉴판, 바뀐 포스기,

바뀐 프로세스에 나는 조금 헤맸다. 관장님이 제시한 페어링 서비스 방식에는 다음과 같은 문제가 있었다.

트레이에 병, 술, 잔을 놓고("사장님 고수 주세요!") 그것을 들어 손님 앞에 두고 술 설명을 하면("저희 두 명인데 자리 있을까요!") 그걸 분주기에 따르는 동안("사장님 저희 밥 두 공기 주세요!") 생각보다 그 과정 사이에 많은 일이 끼어들었다. 계속 그런 식이었다. 밥 주세요! 주문받아주세요! 공중에 주문하는 손님과 문을 박차고 들어오는 손님("제가 예약을 했는데…") 그리고 수시로 오는 전화까지.

나는 느꼈다. '아, 이제 1층은 한 명이 못하겠구나.'

손님들이 퇴장해서 퇴식도 해야 하고 칭타오도 달라고 하고……. 분주기라는 작은 서비스가 하나가 들어갔는데 지연이 많이 됐다. 2층에 지원 요청을 해 동료분들이 왔다갔다 하면서 도와줬다. 예약도 많고 전골 손님도 많으니 테이블이 회전되지 않았고, 가게 앞에서 손님들은 줄을 서서 기다렸다. 기다리는 시간도 평소보다 길었다. 과연 이게 좋은 건가, 하는 생각이 들었다.

일단 며칠 더 봐야 했다.

집으로 돌아온 나는 알바몬부터 찾았다. 처음이라 그렇고 익숙하지 않아 그렇다는 걸 알지만 일단 그냥 한 번 찾아봤다. 대동강 페일에일을 마셨는데 쌉쌀한 향이 맛이 좋았다.

3주간 해본 결과 전골 손님이 확실히 늘었다. 어느 금요일에는 1층에서 전골을 열 팀, 열 한팀을 받았는데 네다섯도 많은 평소보다 확실히 늘어난 수였다. 처음에는 무척 힘들고 준비하고 세팅도 많아 혼자 못하겠다는 생각이 들어서 나는 일을 간략화하고 효율적으로 할 수 있는 방안을 고안했다. 고량주 페어링은 트레이에 잔과 분주기를 세팅해서, 손님 앞으로 가져가, 술 설명을 하고 (고량주를 분주기에 따르는 절차를 생략하고) 바에서 분주기에 따라 나갔다. 워낙 전화에, 손님 입장에, 기존에 앉아 계신 손님들 케어에 정신없는 1층 업무에서 이 조그만 간소화에 업무 효율성이 크게 향상됐다.

평일에도 전골 상을 서너 팀 받는 게 기본이 됐다. 이런 변화는 처음에 거부감이 들었지만 한 주, 두 주 지나니 익숙해졌다. 그러나 전골을 많이 파는 게 득일까? 현장에 있는 나는 손님들이 테이블에 앉는 시간이 길어지면서 테이블 회전이 되지 않아 이탈하는 손님이 많아진 것을 보고 객단가는 늘었을지언정 고객 만족에서 이것이 나은지 의문이 갔다.

또 맛의 다양성에서도 같은 가격으로 어향가지, 마파연

두부 요리를 먹는 것보다 나은지 모르겠었다. 나는 특히 여성 손님 중 몇몇이 다소 담백하게 전골 식사를 하고 가는 것을 봤다. ("아, 음. 그렇구나….") 여성분들은 보통 어향가지, 마파연두부에서 만족도가 높았는데 전골이 아닌 우육면에 그것들을 곁들였으면 어땠을까? 그것들이 좀 더 꽝 때리는 직관적인 맛을 가지고 있으니.

연말을 맞은 우육면관은 최고 매출을 갱신하고 연신 높은 타점을 기록했지만 현장에 있는 나는 순환이 되지 않는 테이블에 전과 같은 방식이었으면 오히려 매출이 5~10% 더 높았을 거라고 느꼈다(막상 또 가보면 모르지만). 관장님도 다 생각이 있으시겠지. 데이터를 파악하고 계실 것이었다. 두고 볼 일이다.

빙고는 내 이름

새해를 맞이해 외국에서 사는 지혜의 친언니가 한국에 왔고, 나는 종로에 있는 빙고 호스텔을 예약해 내 집 자리를 내어줬다. 언니가 2주간 우리 집에 머물고 내가 빙고에 있는 계획이었다. 1년 반 전에도 똑같이 했고 내가 자발적으로 제안한 제도였다. 이렇게 하면 나는 2주간 여행을 떠난 기분을 느낄 수 있었다(우육은 다녔지만).

우육에서 빙고는 걸어서 5분이었다. 그 점은 신났다. 빨리 가고 빨리 돌아올 수 있다는 점, 종로 도심에 있다는 점은 신이 났다. 혼자 있을 수 있다는 점도 한몫했는데, 웃긴 건 나는 혼자 있으면 울적해지면서도 괜히 기분은 들떴다.

전날 짐을 싸둔 나는 집에서 출발하기 전 메밀국수를 삶아 먹고 지혜가 빌려준 아메리칸 투어리스트 캐리어에 내 이케아 파란색 접이식 의자를 넣었다. 캐리어를 닫으니 의자가 툭 삐져나왔다. 나머지 손으로는 접이식 책상을 들어

나는 의자가 튀어나온 캐리어와 접이식 책상을 들고 단기간 여행자의 모습을 완성했다.

허리를 다치지 않게 조심하면서 계단을 내려갔고 운 좋게 딱 맞춰 지나가는 택시를 잡았다.

"이것 좀 실을게요! 가벼워요."

나는 뒷좌석에 접이식 책상을 실었고 기사님은 캐리어를 보고 "그건 뒤에 실어요." 트렁크를 열어주셨다. 나는 아메리칸 투어리스트 의자 튀어나온 캐리어를 트렁크에 실었다.

목적지로 향했다. 가는 길에 우육면관 광화문점도 지났다. 목적지에 도착한 나는 접이식 책상으로 차유리를 깨지 않게 조심하면서 트렁크에 가서 의자 삐죽 캐리어도 꺼냈다. 기사님은 화장실이 센트로폴리스 어느 방향에 있냐고 물었다.

"쭉 가서 오른쪽에 있어요!"

빙고 호스텔에 체크인한 나는 먼저 캐리어를 열어 의자부터 꺼냈다. 책상도 펼쳐 앉을만한 자리를 만들었다. 집에 있던 책걸상이 빙고로 그대로 옮겨졌다.

1년 반 만에 온 빙고는 관리자가 바뀌었는지 아니면 단순한 세월의 흔적 때문인지 처음의 세련되고 감각적인 느낌이 다소 누그러진 상태였다. 두 번째 방문이어서 신선하게 느껴지지 않는 것일 수도 있었다. 아니면 덜 좋은 방을 선택했다든가.

옷을 갈아입고 우육면관에 곧장 출근했다. 나는 우육에 가면서 마음이 무거웠다. 다름이 아니라 빙고에 오기 전 올해의 신춘문예 당선작을 읽어 봤는데 무엇이 훌륭한지 와닿지 않았기 때문이다. 감정을 느낄 수 없다면 개선될 여지도 없었고 그것은 고로 '당선작이 될' 방향을 읽지 못한다는 것이었다. 내가 느낀 것은 무미건조함뿐. 그리하여 나는 앞으로 어디로 가야 할지 몰라 방황하는 마음이었다.

"결국 내가 이런 감정선을 가지면 나는 되지 못할 운명 아닌가. 나는 당선작을 공감할 수 없고, 그렇다면 대중 혹은 문학계는 나를 공감할 수 없다."

비유하면 가장 예쁘게 잘 자란 나무를 선정해 문학의 광장에 크리스마스트리로 꾸며주는 전시에서 나는 냄새꾼이었던 것이다.

그날 밤 민준 매니저가 피자를 사준다고 했는데 선우님, 용범님은 참여하는 그 자리에 나는 열외전사, 또 뺐다.

"계속 우육에 다녀야 할지를 모르겠어요… 글은 안 될 거 같은데, 그러면 이걸 할 이유도 없어요. 이렇게 생고생하면서 일해야 할 이유가."

1일 차	
택시비	10,100
씨유	2,000
	12,100원

빙고로 돌아온 나는 늦은 새벽까지 고민했고 아침에 깨
서도 일어나지 않고 침대에 오래 누워 있었다. 옛 여관 단
칸방이었을 천장의 아침을 보면서 아무것도 하지 말자고
무위로 버텼다.

그러나 아무것도 할 게 없던 나는 달리 무엇을 해야 할지
모르겠어서(게임? 트위치? 넷플릭스?) 결국 일 년 반 전
에 갔던 투썸커피로 나갔다. 똑같이 종이와 펜을 챙겼다.

손님이 몰아치기 직전의 직원은 상자를 까서 종이컵과
재활용품들을 채우고 있었다. 나는 전에 왔을 때와 같은
자리에서 커피를 마셨다.

지난여름 이 건물 고층에서 사람이 떨어져 죽었다고 했
다. 통유리창 자리 옆에는 좁은 골목이 있었는데 나는 그
곳에 갑자기 사람이 떨어져 화단에 머리를 박고 박살이 나
는 상상을 했다. 장기와 혈액으로 가득 찬 한 봉지 액체가
목을 죄는 질식의 사회생활을 참지 못하고 몸을 던지는 것
이다. 1층에서 1층으로 몸을 던졌다고 할 수 있는 나는 깊

은 공감이 갔다.

혼자 살 수 있는 사람만이 자살한다. 혼자 살 수 있는데 무리에서 자신과 자신의 잠재성을 희석해야 하는 사람만이 자살을 한다. 내가 이해하는 건 그뿐이었다.

하지 말자고 했으면서 습관처럼 작업하고 투썸에서 일어섰다. 빙고가 우육에서 가깝다는 건 참 편리했다. 한 시간 정도 더 시간이 생긴 것 같았다. 출근 15분 전에 준비를 해도 늦지 않았다. 걸음에도 여유가 생겼다. 그날도 우육을 무사히 보내고(=무사고로 보내고),

우당탕탕!

"괜찮으세요?"

"아, 괜찮아요, 괜찮아요. 무슨 일 있었어요? 하하하하!"(부서진 계단에서 손님이 굴렀다.)

빙고로 돌아와 어제보다 안정적인 밤을 보냈다. 깍두기처럼 생긴 내 방에는 저 멀리서 세탁기 신호음 같은 것이 들렸는데 지난밤 나는 밤새 *뚝뚜- 뚜뚜뚜뚜 뚝뚜- 뚜뚜 뚜뚜* 울리는 그 소리에 잠을 얼마 못 잤다. 침대 머리와 다리를 돌려 거꾸로 누워봐도, 귀마개를 껴봐도 그 소리가 거슬렸다. 오늘은 노트북으로 어느 대양의 파도 소리를 틀어 파도가 세탁 신호음을 휩쓸게 함으로써 편히 잤다.

2일 차	
투썸플레이스	4,500
수제 돈가스	8,000
다이소	6,000
	18,500원

빙고를 나오니 곧장 종로 한복판이고 널찍이 깔린 아스
팔트 대로, 빌딩 유리알에 반사된 햇살, 어디론가 향하는
회사원들에 기분이 괜히 좋았다. 태양은 빌딩의 양각 새김
을 넘으면서 청계천에 울퉁불퉁한 햇살을 반사했고 백로
가 발을 담그고 물고기를 사냥했다.

나는 정처 없이 떠돌아다니는 떠돌이 개처럼 종로 이곳
저곳을 누비며 화장실에 표식을 하고, 전봇대에 붙은 전단
지가 있으면 그것을 훑어보다가, 계단이 보이면 두 칸씩
쑥쑥 뛰어올랐다가, 내려오는 길에는 투둑투둑 빠르게 뛰
어내리고, 또 다음 전봇대로 향했다 하는 것을 반복했다.

런던 베이글에 수많은 인파가 몰려 있는 것을 보고 빙고
로 돌아왔다. 7분을 자고 옷을 갈아입고 출근했다. 또다시
우육이었다.

"컨디션이 좀 나아졌어요. 뭘 잘못 먹었었나 봐요."

나는 선우님께 그렇게 말했다.

"그때는 진짜 안 좋아 보이셨어요."

선우님이 말했다.

퇴근을 하고 하모니마트에서 '막사'(장수막걸리에서 나
온 막걸리 사이다)와 다이제를 사 왔다. 막사는 처음이라
서 사 와봤는데 내 입에는 맞지 않았다. 한 모금 먹고 버릴
까 하다 돈이 아까워 다 마셨다.

내일부터 휴가였다. 우육에서 일하고 처음 가진 휴가.
1년을 꽉 채워 일했는데(코로나로 앓아누운 주를 제외하
고) 괜히 뿌듯했다.

빙고로 돌아온 나는 딱히 할 것도 없다는 걸 깨달았다.
최대한 안 자고 버티려고 했는데 별로 할 것이 없었다. 늙
었다는 게 이런 거구나. 게임을 하려고 했지만 귀찮기만
했다. 그냥 평소대로 술을 조금 홀짝거리다가 30분 늦게
잔 게 다였다.

3일 차	
마호가니커피	5,000
거구장	10,000
하모니마트	5,000
	20,000원

안국에 있는 카페 텅에 갔다. 전에 서안나 화가님의 작
품을 구입한 곳이었다. 언제나 사람이 많았는데 평일 오전

에는 사람이 없었다. 휴가의 특권이라면 특권이었다.

나는 책을 보고 글을 썼다. 또다시 또 그렇게.

이걸 계속하는 게 맞는가…… 하고 빙고에서는 하지 말자 했던 걸 어느새 다시 하고 있었다. 6년을 꽉 채우고 7년째 반복해온 그 생활을. 나는 나의 가능성에 제약을 두지 않고 마음껏 펼쳐보자 해서 글쓰기를 택했다. 사회생활로 환원된다는 건 바다를 생수통에 담고 그것을 바다라 부르는 것이었고 나는 그것만은 할 수 없었다. 그러나 이 길 끝에 성공이 없다는 것은 지금은 자명해 보였다.

1년 만의 휴일

휴일 첫날 목요일, 재현이를 만나 1차 양꼬치, 2차로 김치찌개를 먹었고,

4일 차	
카페 텅	5,500
베트남쌀국수	6,500
재현이와 양꼬치	47,000
	59,000원

금요일이 온전한 휴일이었다.

나는 출근 시간 전까지 평소처럼 활동하다가 원래대로면 우육에 출근할 시간부터 휴식을 가졌다.

15분 낮잠을 잔 나는 빈 가방을 메고 나갔다. 사과를 사와야지. 음, 그거 말고 뭘 해야 하나? 일단 우육면관을 멀찍이 지나면서 사람이 얼마나 있는지 봤다. 그리 많지 않

아 보였다. 대기 서너 팀 정도. 엄청 바빠야 내가 어떻게 일했는지 알 텐데. 왠지 내 빈 자리가 컸으면 하고 바랐다.

광화문 디큐브 유니클로에 가 1, 2층 한 바퀴를 쑥 돌았다. 세일하는 상품이 있으면 득템하려고 했는데 건질 건 없었다. 유니클로를 나와 영천시장까지 가서 사과를 사 올까 하다가 너무 추워서 교보문고로 들어갔다. 괜찮은 책이 있으면 사서 술집에서 술을 마시면서 보려고 서점을 둘러봤다.

나는 그런 적이 딱 한 번 있었는데 수원 인계동 생활맥주에서

"맥주만 마셔도 될까요?"

"네네. 앉으세요."

곰브로비치의 〈포르노그라피아〉를 읽었었다. 생맥주 두 잔을 마시면서 봤는데 나는 같은 것을 해보고 싶었다.

이번 빙고에 있으면서 해보고 싶은 한 가지 계획이 베스트셀러를 읽어보자는 것이었다. 베스트셀러 칸으로 갔다. 베스트셀러 1위는 2023 트렌드 대예측 뭐 이런 것이었고 몇 가지 소설과 에세이들이 뒤를 이었다. 이구동성으로 엄청난 찬사로 뒤덮인 베스트셀러를 들어 펼쳐봤다. 첫 문장, 첫 단락, 어떤 시작, 한 움큼 넘겨 중간의 문장. 또 다른 책을 들어 또 그렇게 읽어보고, 또 다른 책을 들어

또 그렇게.

베스트셀러 칸을 벗어나 민음사 전집에 새로 나온 게 있나 봤다. 오르한 파묵, 가즈오 이시구로 등이 보였다. 나는 전에 읽었던 그들의 작품들을 통해 작가들의 이름만 보면서 대충 어떤 분위기일지를 짐작했다. 이런저런 배경에 (이스탄불 혹은 우주에서), 이런저런 등장인물이 등장하고, 인물들은 이런 관계를 가지고, 저런 서사가 진행되고, 사건, 갈등, 전개…… 정돈된 언어로 펼쳐진 기막힌 이야기가 짐작됐다.

지면 아래를 탐색하는 금속 탐지기처럼 작가의 이름 너머로 분위기를 탐지하다가 아주 이상한 얼굴의 한 사람이 눈에 들어왔다.

비톨트 곰브로비치.

그리고 그의 저서 〈코스모스〉. 나는 이 책이 민음사 전집 중 최고라고 생각했다. 외계인이 인간이란 어떤 존재냐는 물음에 러시아의 대문호가 〈돈키호테〉를 건네겠다고 했다면 나는 이 〈코스모스〉를 줄 것이었다.

나는 그 책에 담긴 분위기도 탐지했다.

평이하지만 알 수 없는 불길함, 평범하지만 이상하고 괴이한 인물들, 알 수 없는 촌스러움… 인간 어리석음… 이해할 수 없는 편집증과 광기, 그 속에 녹아있는 존재에 관한 심도 깊은 연구. 내가 보기에 그것이 진정 삶에 대한 철저한 고찰이었다.

나는 서가에서 내가 기존에 좋아하던 작가들 외에는 별 흥미를 갖지 못하는 나 자신을 발견하고 통색 페르디낭 셀린의 책 한 권을 사서 나왔다.

광화문 일대를 걸으니 눈이 내리기 시작했다.

나는 왜 내가 어떤 것엔 흥미를 갖고 어떤 것엔 아닌지 스스로에게 물었다. 입맛은 앞서 말한 바와 같이 천부적인 점이 있었다. 우육면에 대해서도 아이마다 다른 반응을 보인다.

"엄마! 이거 아주 맛이 이상한데 맛있어!"

반대로 "난 다 먹었어." 얼마 먹지 않고 남기는 아이.

나는 내가 흥미를 갖는 작가들의 공통점을 정교화했는데 그들은 인간의 본디 어리석음, 우리가 크게 의식하지 못하고 숨 쉬고 사는 어리석음, 연고처럼 살에 발라 투명한 너무 가까운 어리석음에 초점 맞춘다는 걸 알았다.

이를테면 나와 영 어울리는 것이 아닌데 베스트셀러 칸을 전전긍긍하는 나의 어떤 부조리한 주제넘은 탐함 같은 것 말이다. 그것을 포착하는 것이 문학에서 가장 어려운 일이고 또한 가장 실용적인 것이라고 여기는 나를 발견했고, 극적인 요소를 짜임새 있게 구성해 이미지의 연쇄 속에서 즐거움을 선사하는 문학적 체험에는 노동을 하는 것보다 (우육에서의 일) 가치를 두지 않는다는 것을 알았다.

낮에 지나다니다가 웬 멋진 간판을 봐둬서 그곳(fru 라고 써 있었다)에 갔는데 만석이어서 그냥 지나쳐야 했다. 결국 현대건설 옆에 미정국수에 가서 술 마시면서 책을 보는 재미없이 주린 배나 채워야 했다. 내가 마지막 손님이었고 사장님은 흰 대걸레로 바닥을 닦았다.

눈송이는 숭근숭근 수제비만큼 커져 함박눈이 됐다.

밥을 먹고 종각 생활맥주에도 가봤지만 금요일 저녁 만석이어서 그냥 빙고로 돌아와야 했다.

함박눈에 몸이 몽땅 젖은 나는 개처럼 눈을 털고 빙고로 입장했다. 방으로 가서는 이불을 뒤집어 쓰고 (빙고는 빙고답게 다소 추웠다) 셀린을 조금 읽었다. 결국 빙고에서였다.

열어본 똥색 셀린의 책은 의학 박사 논문이었다. 그의 논문은 평범하지 않은 형식으로 쓰였고 논문 심사를 통과까지 했는데, 내가 그랬다면 무수히 욕을 먹고 "인교야…" 정신을 조금 차리면 앞으로의 사회생활이나 전반적인 식탁 사정에 도움이 될 거라 타이르는 교수님의 목소리가 들리는 것 같았다.

울티마 온라인에 들어가 용을 향해 활 몇 방을 쐈다. 디지털 유물에 가까운 그 게임에서 나는 강하지도 않고 특별한 점도 없었다. 무려 20년간 그 상태인데 그걸 하는 내가 어떨 때는 이상하게 느껴졌다.

이게 나의 휴일이었다. 놀라우리만큼 아무 일도 하지 않았다. 황금 미녀를 만난 어리숙한 청년처럼 황금 휴일을 그렇게 떠나 보냈다. 허무하고 소득 없는 휴일에 기분이 썩 좋지는 않았다.

5일 차(황금 휴일)	
카페 느티	무료(?)
우리집생돈가스	9,500
교보문고	13,000
미정국수	8,000
GS25	5,300
	35,800원

30대 진로 고민

빙고 호스텔 생활 2주를 청산하고 집으로 돌아왔다. 계묘년 토끼해가 되면서 빙고 호스텔에서 내가 한 일은⋯⋯ 여러 번 오래된 건물의 이점을 틈타 벽과 벽 너머 커플 투숙객에서 들릴 혹시 무언가에 귀 기울인 것을 제외하고⋯⋯ 무엇을 하며 앞으로 어떻게 살아야 할지 하는 거였다.

나는 피로한 현대의 삶을 피하고 있었고, 어떻게든 글로 성공해 키위나 멜론 같은 고급 과일을 부담 없이 구매해 놓고먹으며 쉽게 살려고 했다. 당연히 그것이 첫째고, 둘째는 나의 가능성을 마음껏 계속해 글로 펼치고 싶었다.

그러나 그런 것쯤 안된다는 것을 점차 현실로 깨닫고 있었다. 어떻게 발버둥 쳐봐도 현대에 남은 내가 갈 수 있는 길은 혼란하고 피로한 삶 외에 다른 선택지는 없어 보였다. 모두가 아는 그 사실을 나는 이제야 조금씩 받아들이고 있었다. 상업적으로 글은 성공할 수 없다, 나 또한 피로

한 삶을 살아야 한다, 거기서도 잘할 수 있다, 의 삼박자를 24시간 동안 고루 두드리며 내면의 음향악에 조율한 나는 그리 우울하지도 않았다.

정당방위에서 슬픔을 느끼지 않듯 먹고살기 위한 태도의 변화에서 슬픔을 느끼진 않았다.

집으로 돌아온 나는 하나씩 일을 처리해 나갔다. 더는 소설을 생각하지 않고 어떻게 하면 돈을 잘 벌지 그것만 생각했다. 내 지난 생활에서 모든 생활 요소가 어떻게 글을 잘 쓸 수 있을지 순간의 짚단을 예리하게 베어내는 시간이었다면, 나는 그것의 목적만 바꿔 어떻게 하면 최대량의 금전을 뽑아낼 수 있을지로 바꾸면 된다고 생각했다.

하루에 한두 개씩 일을 척척 처리하면서 결국 이런 결론에 도달하게 됐다. 파트타이머 면접을 위해 곱게 코트를 차려입은 권대엽 팀장님에게 말했다.

"대엽님, 제가 드릴 말씀이 있습니다."

"안돼요. 제발 그 말만은 하지 말아주세요……."

대엽님이 손으로 얼굴을 가렸다.

"그러면 말은 하지 않겠습니다… 예…."

"왜 그런 건지 알 수 있을까요…?"

"더는 글을 쓰지 않을 거여서 그러면 여길 그만둘 수밖에 없네요. 어떻게든 돈을 버는 쪽을 생각하고 있어요."

퇴사 고지를 한 그날은 진중식품 신년회가 있는 날이었다. 관장님은 9시까지 나를 사무실로 와달라고 했고 나는 마감을 하지 않고 동료들을 뒤로 한 채 사무실로 갔다. 주방 팀과 백준 매니저님과 동행했다. 최우수 사원 시상을 위해 부른 거겠지?

사무실에는 이미 2~30여 명의 직원이 도착해 있었다. 9시 30분부터 시작한 행사 시작으로 김 관장님께서 사업 현황과 진척을 브리핑하셨다. 한 시간 동안 진행했는데 결국 나를 부른 것은 최우수 사원 시상이 아닌 회사의 발전상에 대해 들어보라는 것이었다. 시상은 없었다.

나는 이 잘 나가는 회사, 앞으로의 성장이 기대되는 회사의 선장을 맡고 계신 김 관장님에게 무엇을 배워야 하는지 파악했다. 개념적으로 파악하는 것은 작은 것이며 성패는 결국 모두가 물러설 그 순간 한발 더 나아가는 당사자에게 달렸다는 것을 배움과 동시에 그것을 취한 나는 회식 장소로 이동하는 중에

"음식들이 마련돼 있습니다. 다들 이동하시죠!"

샛길로 빠져나왔다.

"어? 인교님, 가세요?" 고량주관 승민님.

"예, 허허! 가봐야죠! 다음에 뵙겠습니다!"

회식하면서 인맥을 쌓으면 어떻게든 나중에 도움이 되

겠지만 나는 사람과 연을 잘 맺지 않는 특성을 갖고 있었고 만약 내가 실패한다면 바로 그 이유 때문일 것이라 생각하며 집으로 갔다.

그만두겠다는 소식을 들은 홍 관장님이 다음날 면담 요청을 했다. 센트로폴리스 커피빈에서 만난 관장님은 그 소식에 처음엔 "놀랐고" 다음엔 "자초지종을 직접 듣고 싶다"고 하셨다.

"제가 쓰고자 했던 것은 다 썼고, 지금 하는 일은 자기 복제에 가까운 일이라 그걸 중단하고 원고 투고만 하면서 돈을 벌려는 게 제 계획입니다."

"앞으로 어떻게 할지 생각하신 건 있으신가요?"

"가능한 적은 시간 내에 통장에 500을 찍는 게 목표입니다."

"500이라면 월을 말씀하시는 거죠?"

"네. 그걸 위해서 할 수 있는 여러 채널을 살피고 목적을 이룰 수 있는 쪽으로 가려고 하고 있습니다."

"그 채널들을 좀 알 수 있을까요?"

"제가 공학석사를 나왔으니 IT 업계도 알아보고 있고요, 요식업에서의 경험으로 창업도 생각하고 있고, 여기 진중식품도 당연히 생각하고 있고 임상심리 자격증은 이미 수강 신청을 해놨습니다."

나는 임상심리사2급 자격증에 90만 원의 수업료를 지불한 상태였다.

"목표를 간단명료하게 설명해 주셔서…."

관장님은 진중식품에서 해줄 수 있는 것들을 얘기해주셨다. 관장님은 내가 글 쓰는 사람으로서 그 능력을 펼칠 수 있는 마케팅, 브랜딩 쪽도 말씀해 주셨다. 나 역시 전혀 진중을 닫아두고 있지 않다고 했다. 나는 어떤 활로든 목적을 달성하는 선택을 할 것이라고 했다.

〈우육인간〉에 대해서도 얘기가 나왔다. 5화까지 읽어 보셨다는데

"이렇게도 볼 수 있구나 하고 솔직히 깜짝 놀랐습니다."

"우육인간을 가게 매대에 놓고 파는 것도 혼자 상상해 봤는데, 역시나 이건 제 이야기, 가게 이야기이지 손님들의 이야기가 아니기 때문에 사지 않을 거라고 결론 내렸습니다."

이는 동주가 처음 짚어준 말이었다.

손님들의 얘기가 아니니 내가 보는 것만큼 관심 있지 않을 거라고. 나는 그 말에 백 퍼센트 동감했다.

관장님은 나와 같이 일하면 좋겠다, 인교님이 잘 됐으면 좋겠다, 는 이야기를 해주셨고 나도 우육을 떠나는 아쉬움이 있다고 했다.

"다시 이쪽으로 올 수도 있습니다. 진중식품이 잘하고 있다는 것도 알고요. 이 업계를 쭉 돌아보면 여기만큼 잘하는 곳을 찾기 쉽지 않습니다. 제가 다시 이쪽 일을 찾을 때 진중에서 계속 잘하고 계시면 저도 다시 여기를 선택할 겁니다. 그게 합리적인 선택이니까요."

회사는 성장할 것이 당연해 보였고 내 판단에도 관장님들은 모든 세부적인 결정에는 그렇지 않을지라도 크게는 모두 좋은 쪽으로 향하고 있어 보였다. 다만 내가 보는 것은 회사의 성장과 함께 동반 성장하는 것이 아니라 당장 들어오는 수입이었다.

한 시간이 못 되게 면담이 이어졌다. 관장님은

"제가 무슨 말을 했는지 모르겠네요, 허허허! 드리고 싶은 말씀을 다 드린 건지…."

"잘 생각해보고 연락드리겠습니다! 명절 잘 보내시고요!"

"네, 인교님도 새해 복 많이 받으세요!"

면담을 마치고 우육면관 오픈을 하러 갔다. 설 연휴 전날의 금요일이어서 평소보다 대기 손님이 없었다.

그리고 그 주 토요일 저녁 설날을 맞아 충주로 내려갔다. 나는 나의 변화와 결정들("우육도 그만둔다고 했어요.")을 가족에게 얘기했고, 가족들은 그중에서 프랜차이즈 창업이 제일 별로지 않느냐는 반응이 왔다.

"피자 가게가 있었다가 망했어!" 승교가 사는 수원 율전동도 알아보고 있다고 하니 승교가 그랬다.

"거긴 홀이잖아. 형은 배달 장사를 하려고 해."

문교는 내가 관심 있는 브랜드를 알고 있어서 그것에 관해 이야기해 보려고 했는데, 떡볶이를 급하게 먹는 바람에 제대로 체했다. 모두 토해내고 아파 앓아누웠다. 나는 엄마가 제사 음식 준비하는 것을 승교와 도와줬고 지희 씨는 지완이를 돌보고 재웠다. 작년에는 반대로 내가 앓아눕고 문교가 도왔는데 올해는 반대였다.

자던 장소가 아니면 잠을 못 자는 나는 새벽까지 뜬 눈으로 잠을 설치고(마지막 시곗바늘은 5시 반이었다) 아침 7시 반에 엄마가 일어나는 것을 봤다.

현 고 학 생 부 군 신 위…… 지방을 쓰고 제사를 지낸 나는 작년과 같이 대문 밖으로 나가 지방을 태우고 식사를 한 뒤

"엄마, 천천히 좀 드세요!" 나.

"올해는 좋은 말만 하자고. 다들 새해 복 많이 받으세요. 하하." 승교.

서울로 올라갔다. 집으로 돌아와 동주와도 전화를 했다.

"임상심리사 자격증은 신청했어. 가맹 문의도 넣어놨

고. IT 업계도 알아보고 있어."

얘기를 쭉 들어본 동주도 똑같은 소리를 했다. 프랜차이즈를 왜 하느냐는 것이었다. 유튜브에서 유명 요리사가 얘기하길 알바가 사장보다 돈을 더 가지고 가는 현실이 많다고 했다고. 나는 점점 창업에 대한 두려움이 생겼다.

통화를 끝내고 사람인에서 IT 직업의 연봉을 긁어봤다. 그것을 보던 지혜는 "IT 업계는 링크드인이나 원티드를 많이 써." 사이트를 알려줬다. 그쪽에 가니 직급별 연봉이 보기 쉽게 잘 나와 있었다. 역시 IT와 식음료 업계는 비교할 수 없는 급여 차이가 있었다. 연차가 쌓일수록 격차가 심했다. 뭘 할지 직업을 알아보면서 남들이 부러워졌다.

특히 부러운 건 번듯하고 괜찮아 보이는 회사, 내가 인터넷으로 찾아보면서 괜찮겠다 싶은 회사에 이미 들어가 일하는 사람들이었다. 그들은 내가 가지고 싶은 IT 기술을 가졌고, 그만한 연봉도 받으며 지금 그곳에서 일하고 있다. 걱정이 없을 순 없겠지만 그래도 최소 '지금 내 걱정'은 없었다. 물론 대안으로 진중식품도 있었다. 관장님께 구체적인 연봉과 근무 조건을 상담해 봐야겠다고 생각했다.

설 연휴 마지막 날 혈변이 있었다. 전에 프라하에 있을 적에 그런 적이 한 번 있었는데 그때처럼 위 출혈이 온 듯싶었다.

진로를 고민하고 이사도 해야 하는 상황에서 엎친 데 덮친 격이었다. 위 출혈의 특징은 오한인데 나는 따뜻한 곳에서도 덜덜 떨었다. 덜덜 떨면서 각종 채널의 연봉 정보를 모으고 IT업계의 국비 지원 과정을 알아봤다. 새로 안 것은 임상심리사가 직업 풀도 작고 괜찮은 병원은 관련 학과 석사 과정을 요구한다는 것이었다. 개원을 해도 관련 학과를 전공한 사람들과 경쟁해야 했는데, 어렵겠단 생각이 들었다. 결국 나는 대학원에서 공부했던 머신러닝 쪽을 택하는 게 합리적이란 판단이 들었다. 수학을 좋아하고 공부해봤던 것이기도 하니.

"추워…." 감기도 같이 왔는데 지혜는 한사코 내 옆에 마음대로 있으면서 조심하지를 않았다.

"그러다 옮으면 아프다고요!" 하지만 전혀 말을 듣지 않았다. 지혜는 나를 재우고 나서야 방문을 꾹 닫고 본인 방으로 갔다.

누워서 나는 기어코 내가 떠나고자 했던 업군으로 돌아간다는 사실에 심리적으로 위축됐다. 그때의 답답하고 방황하던 심정이 떠올랐다.

다음 날 오한을 안고 우육에 출근했다. 영하 16도의 북극한파가 몰려왔고 체감온도는 영하 26도에 육박한다고 했다. 나는 북극 냉기의 추위보다 내적 추위에 덜덜 떨었다. 오한과 함께 일했다.

대엽 팀장님께 미리 나의 상황을 언질하고 "대엽님 제가 지금 조금 몸 상태가 그렇습니다…." 혹여 내일 상황이 악화될 시 대체 근무자가 있는지 확인했다.

"예. 저 근무 없습니다. 너무 무리하지 마시고 안 좋으면 쉬세요."

"지금은 괜찮아요. 혹시 내일 안 좋을까 해서요! 내일 오전까지 말씀드리겠습니다."

코와 입으로 내장에 있는 피를 모두 토해내고, 같은 건 없었고 기어코 살아서 퇴근하고 집으로 오는 버스에서 코드 스테이츠 부트캠프 AI코스에 지원했다. 자기소개, 업무 적합성, 인성검사 등 생각보다 해야 할 게 많았다. 집에 와서도 문제를 계속 풀어야 했는데("추워….") 대기업 인적성 검사에서 봤던 문제들도 열 개가 나왔고("50분 시간 제한 내에 푸시오.") 심지어 내가 배우려고 등록한 파이썬 문제도 다 풀어야 지원 자격이 주어졌다.

"난 이걸 배우러 온 건데 풀라니! 참 춥다…."

나는 덜덜 떨면서, 콧물을 줄줄 흘리면서 종이와 펜을 준비해 풀었다. 머리도 돌아가지 않는데 풀었다. 파이썬 문제를 풀려니 인터넷으로 조금씩 공부하면서 해야 했고 아, 오랜만에 옛날 기억이 실감나게 떠올랐다.

변수를 지정하고, 함수를 만들고, 논리를 만들고, 데이터를 받아서, 함수에 넣고, for 문으로 돌리고, if 절로 논리를 바꾸고 결과를 도출하던 시절들! 더럽게 대체 뭘 하고 있는 건지 혼란스러웠던 시절. 모니터 안의 작은 문자열들이 어디 도망이라도 갈까 애지중지 키우는 개미 장군처럼 받들어 모시고 그에 집중하고, 문자 하나 바꾸고, 변수 하나 지워가면서 인생을 낭비하고 있다 느꼈던, 하지만 모두가 옆에서 그러고 있기에 그렇게 살아야만 한다고 느꼈던 그 시절.

시절로 돌아가고 있었다. 돈을 벌겠다고 말이다. 현명한 처사였다.

그때의 일기도 꺼내 봤다. 다른 걸 하고 싶다고 했다. 다른 직업, 다른 일, 다른 장소. 그렇게 일기에 쓰면서 "이번엔 결국 하지 못했다⋯."며 현실을 계속 유지하는 그런 생활의 연속이었다.

다음 날 일어나니 코드를 조금 건드렸다고 두뇌가 서서히 파괴됨을 느꼈다. 물론 이것은 뇌 가소성의 측면에서 봤을 때 컴퓨터 언어에 적합한 방향으로의 두뇌계발이면서 그에 필요하지 않은 부분의 퇴행이었다. 나는 시각체계와 내 마음을 읽는 능력, 의사결정 능력이 떨어진 것을 발견할 수 있었다. 굳이 공들여 견고히 높게 쌓았던 탑을 이렇게 무너뜨려야 하나, 하는 생각이 들었다.

혈변은 계속됐지만 오한은 줄어들어 나는 대엽님께 출근에 문제가 없다고 했다.

"대엽님, 출근 가능할 것 같습니다!"

그리고 한 번도 일대일로 만난 적 없는 김 관장님께서 "소식을 들었다"며 "내일 커피 한 잔 괜찮으실까요?" 연락이 왔다. 나는 문제 없다고 하였고 그렇게 김 관장님과의 면담도 잡혔다.

임상심리사2급 수련 과정은 취소한다고 했다. 그쪽은 학벌의 문제가 있어 보였다. 가맹 문의를 넣었던 프랜차이즈 본사에서 연락이 왔는데 거기도 "조금 더 고민하고 연락드리겠습니다." 한발 물러섰다.

우육에 출근해서는 일을 하면서 아주 사소한 비교, 활동적인 일을 하면서 허리가 아픈 게 낫냐 대 파이썬을 하면서 눈이 아픈 게 낫냐를 비교했다.

돈이 똑같다면 당연히 전자지만 액수가 두 배면……. 김 관장님과도 센트로폴리스 커피빈에서 만났다.

"안녕하세요!"

"반갑습니다, 인교님. 허허, 들어가시죠."

키오스크에서 주문부터 했다. 관장님은 값비싼 커피빈 음료 가격을 보고 "가격이 깡패네요."라고 했고 나는 의

외시란 반응을 가졌다. 관장님은 자스민차 나는 녹차를 마셨다.

자리를 잡은 관장님은

"이렇게는 처음 뵙네요. 소식은 들었습니다. 너무 아쉽네요. 인교님 계실 때는 엄청 든든했습니다. 그래서 이렇게 뵙자고 한 건 첫 번째로 고맙다는 인사를 직접 드리고 싶어 이렇게 자리를 만들었습니다, 하하."

"뭘요." 설마 저는 제 할 일을 했을 뿐인데요 라 하진 않겠지? "제가 감사하죠." 나는 두 번째 것을 말했다.

김 관장님도 홍 관장님과 마찬가지로 자초지종을 듣고 싶다고 하셨다. 내가 왜 이런 의사결정을 내린 것인지 듣고 싶다고 하셔서 나는 저번 주보다 일주일 진보한 정보로 설명 드렸다.

"글쓰기는 어느 정도 썼고, 이제 글은 그걸 투고만 하려고 하고 있습니다. 그리고 제가 사정이 있어서 돈이 필요하고…… 제가 석사로 머신러닝 인공지능을 공부한 상태고, 프랜차이즈 회사들도 컨택하고 있고….."

관장님은 자주 들어 AI가 전도유망한 사업인 걸 알고 있다고 하셨다. 내 설명을 쭉 들은 관장님은 "그래서 궁극적인 목표 같은 게 있으실까요?" 물었다.

"현재 제가 염두하고 있는 세 가지 채널에서 월 500을 찍는데 걸리는 시간 변수를 가장 짧게 가져가는 선택을 하는 것입니다. 물론 위험성과 안정성 등의 확률을 고려해서요."

"그렇군요… 지금 말씀하시길 진중식품에 대해서도 조금 생각이 있다고 하셔서, 홍 관장님께도 그렇게 들었고, 제가 이렇게 뵙자고 한 두 번째 이유는 오퍼를 드리기 위해서입니다……."

관장님은 진중식품에서 무엇을 줄 수 있는지, 또 무엇은 줄 수 없는지를 명확히 나눠 설명해 주셨다. 김 관장님은 줄 수 있는 것에 대해 스타트업 사업체 운영 전반에 대한 경험을 중점으로 얘기해주셨다.

"인교님이 머신러닝 그런 쪽으로 가셔도 스타트업을 가실 텐데, 거기서 하실 수 있는 경험은 저희가 훨씬 밀접하게 잘 줄 수 있다고 확신합니다."

그리고 관장님은 기업의 구조와 운영, 자금 조달 및 신사업에 관한 것들을 구조적으로 설명하셨고, 나는 머릿속으로 마인드맵을 그리면서 따라갔다. 쭉 들은 나는 다음과 같은 것이 궁금해졌다.

"그렇다면 혹시 관장님께서도 궁극적으로 바라보시는 게 있으실까요?"

"궁극적인 목표요……."

그에 대해도 얘기해주셨는데 내가 이해하기론 사람은 결국 같은 것을 바라면서 그것을 표현하는 방식이 다른 게 아닌가 하고 생각했다. 지극히 개인적인 견해로 관장님도 나처럼 사람들에게 경탄을 전달하고 경제적 자유를 얻길 바라시는 것 같았다. 전달의 매체에 있어서 나는 신문이었으며 관장님은 식품, 더 나아가 사업체 운영에서 차이가 있었고, 경제적 자유에 관해서는 나는 경제적 요구를 말소시킴으로써 자유를 얻는 방법을 택한 반면 관장님은 충분한 부로 그것을 타파하는 쪽을 택한 것으로 보였다.

경제적 고통은 쉬지 않고 좁혀오는 못 달린 벽이다. 비경제적 활동은 벽 가운데에 아무것도 하지 않고 넋 놓고 있는 것이며, 경제적 풍족이란 벽을 저 멀리 강원도 산간지방까지 널리 벌리는 일이라 생각한다.

"말씀 잘 들었습니다. 잘 생각해보고 연락드리겠습니다."

"예. 혹시 Q&A 있으면 언제든 저든, 홍 관장이든 연락 주십쇼!"

"예! 들어가세요!" 나는 꾸벅 인사를 하고 돌아섰다.

우육면관은 벌써 오픈을 하고 손님을 받고 있었다. 내가 왔을 때 이미 서너 팀이 주문을 하고 음식을 기다리고 있었다. 나는 어서 옷을 갈아입고 영업을 시작했다.

나는 이와 같은 정보를 바탕으로 이번 주말에 있을 이사를 하면서 진로를 고민해보기로 했다. 이사를 직접 해보기 전까지는, 참 거창한 계획이었다.

(내가) 포장 이사

결전의 날 D-2, 이사가 이틀 남았다. 지난 한 주간 혈변과 오한, 진로 고민을 갖고 시간이 되는 대로 이삿짐을 쌌다. 먼저 책부터 포장했는데 주말이 오기 전에 모든 책을 상자에 넣고 테이프 칠해 놓을 수 있었다.

　토요일이 돼 잠시 진로 고민은 물러두고 부엌부터 짐을 싸기 시작했다. 수납장의 유리, 도기들을 몽땅 빼 손잡이 가방에 넣었다. 그다음은 기름과 조미료들, 그다음은 식기와 수저, 그다음은 프라이팬과 냄비들… 왜 계속하고 있는데 줄어들지 않는 거지…? 그다음은 주방 타올과 물티슈, 그다음은 수십 종의 봉투와 종이가방들, 그다음은 싱크대 아래 칸의 소도구들, 그다음은, 그다음은…….

　몇 시간 후 임계점을 넘어서자 물건들이 말을 걸어왔다.

　"후헹헹, 저는 어느 용도일까요, 그러면 어디로 가야 할까요, 후헹헹."

그 작은 똑딱이 집게 두 개부터 이케아 전용 육각 렌치까지 내 전두엽을 놀려 먹었다.

"이쪽일까요, 저쪽일까요, 후헹헹. 알 아 맞 춰 보 세 요."

냉장고에 된장찌개용 된장이 말했다.

"후헹헹, 저는 유통기한이 육 개월 넘었는데 먹어도 될까요, 안 될까요. 후헹헹헹."

나는 세 숟갈만 먹은 된장을 쏙- 파서 던져버렸다.

"이번에는 콜라지요. 소다라고도 합니다. 코카도 있고 펩시도 있지요. 저를 먹을 건가요, 보관할 건가요, 가지고 갈 건가요, 버릴 건가요. 제가 어디에 어떻게 쓰일지 생각 좀 해보시죠, 후헹헹."

지혜도 한쪽에서 계속 물건을 정리했다. 마찬가지의 일이 벌어지고 있었다. 우리는 아이돌 음악을 틀어놓고 무한대의 가짓수로 제작된 3차원 조형물들을 조물딱거리며 상자에 넣고 비닐에 넣고 포장을 했다.

뭐가 이렇게 많을까……?

사는 데 이렇게 많이 필요할까……?

나는 시간이 갈수록 "모두 버리자"고 했으며 지혜는 슬쩍슬쩍 그 물건들을 나 안 보이게 상자에 도로 넣었다. 물론 그렇게 버려진 것도 많았지만 그만큼 버려지지 않은 것도 많았다. 그리고 버리지 않은 것이 나중에 쓸모가 있기도 했다.

"거봐, 안 버리길 잘했지!"

그래도 나는 버리고 싶었다. 적어도 그 순간에는 빤스 빼고 다.

수납장 속 물건들이 거실로 나와 우리의 생활 공간을 차지할수록, 지혜와 내가 움직일 수 있는 공간이 없어질수록 딱 그만큼 우리의 지능은 떨어져 갔다. 두 가지 특성이 돋아났다. 하나, 무엇을 뭐부터 정리해야 할지 모른다. 둘, 두서없이 머릿속에 있는 말을 막 꺼내놓는다.

"났어?"

"무엇을……?"

"일단 가지고 왔다가 해."

"무엇을……?"

"저거 먼저 다 넣고 해야겠다(?)."

"무엇을……?"

그것은 너무 많이 쥔 두뇌 근육이 약해짐으로써 줄줄 새는 현상이었다. 나는 죽고 싶다고 생각했다. 아, 법정 스님!

우리는 자정까지 정리하고 다음 날에도 어제와 똑같이 짐을 쌌다. 우리는 전날보다도 월등한 지능 저하를 안고 일을 했다. 이는 흡사 연옥에서 물건이 많았던 죄를 심판받는 것 같았다. 예상보다 엄청난 양의 박스들이 나왔고 쿠팡 로켓배송으로 추가 이사 박스를 주문해야 했다.

"이삿짐 기사님께 두 번 가야 할 수도 있다고 말해야 할 것 같아요." 지혜.

"아니요."

나는 그렇게 대답했으면서 왜 아니라고 한 건지 이유도, 심중도 알 수 없었다. 그리고 나는 얼마 안 있다가

"이삿짐 기사님께 두 번 갈 수도 있을 거 같다고 했어요. 아까는 왜 아니라고 했냐면 이렇게 하면 우리가 을이니까 터무니없는 가격을 부를 수 있을 것 같아서."

어쩌고저쩌고. 나는 말이 되는 불필요한 걱정도 시작하고 있었다. 말이 되고 충분히 그럴 수 있지만 현실적으로 일어날 확률은 반반이거나 희박해서 하지 않아도 될 걱정의 늪에 빠져버린 것이다. 물건이 사람을 이렇게 만들었다. 법정 스님…!

지혜와 나는 또 밤 12시가 되도록 계속 짐을 쌌고 응암 집에서의 마지막 밤을 보냈다.

"아침에 일어나서는 매트리스와 이불부터 싸고… 아침에 일어나서 아침밥은 꼭 챙겨 먹고…."

나는 생각의 전광판이라도 단 듯 끊임없이 그렇게 쏟아냈다. 생각을 제어할 수 없었다.

"지혜는 평일에 회사 다닐 때 몇 시간 자요?"

갑자기 이건 왜 물어보는 건가? 다음날 '새벽'같이 일어나야 해서 '새벽'이 떠올랐고 평소 '새벽'에 일어나는 지혜에게 '자는 시간'을 물어보는 연상 작용의 제어할 수 없는 물음이었다.

지혜가 마지막 밤이라며 사진을 찍었다. 지혜가 '찍어서' 나도 '찍었다'. 그런 일이 계속됐다. 우리는 다음날 일찍 일어나 햇반을 돌려 스팸과 계란 후라이를 먹었다. 그리고 또 시작된 짐 싸기…… 오늘이 삼 일째였다.

나는 잠깐 내 방에서 보는 마지막 아침을 찍었다. 파란 새벽이 동트고 있었다.

문교와 용기가 와서 도와주기로 했다. 문교는 수원에서 올라오는데 버스가 만차여서 수원역에서 기차를 타고 올라온다고 했다. 우만동에서 그렇게면 엄청 돌아오는 코스였다. 사람들에 끼여 땀을 뻘뻘 흘려야 하는 대단히 고생스러운. 그럼에도 와 주는 것이 너무 고마웠다.

나는 지혜와 나머지 짐을 싸고 천천히 들 수 있는 것부터 내렸다. 지난 이틀간 계속된 물건 들기, 허리 숙이기에 허리가 뻐근했다. 문교가 도착해서 나는 먼저 문교에게 무거운 이삿짐 상자 드는 법부터 알려줬다.

"이렇게 뒤로 앉아서 상자에 등을 대고 올리는 거야."

으쌰, 나는 상자를 척추에 올리고 거북이처럼, 지갯짐

을 진 사람처럼 이고 갔다. 배에 대고 앞으로 가는 법도 있지만 그건 힘이 많이 들고 허리에 무리를 줄뿐더러 짐을 많이 옮기지 못한다. 등에 받치고 가는 법은 그에 반해 팔 근육만 쓰면 됐다.

"형이 프라하에서 이삿짐도 했잖냐…."

나는 몰도바인 안드레이와 계단만 있는 프라하에서 그런 일을 한 적이 있었다. 몇 푼 벌자고, 진짜 맥줏값 벌겠다고 고된 일을 했었다. 프라하의 고용인은 나보고 카자흐스탄인이냐고 했다.

"아엠 코리안."

"코레안……?"

한국 사람이 이런 일을 왜 하느냐는 것이었다.

그 사이 용기도 왔다.

"어이, 용기 왔네! 히사시부리(?)."

"허허, 안녕하세요."

"밥은 먹고 왔어? 안 졸려? 괜찮아?"

"괜찮아요! 뭐부터 할까요."

발목 골절에서 회복 중인 용기도 도와준다고 기꺼이 와 줬다.

"무거운 짐은 나랑 문교랑 옮길게. 가벼운 것만 옮겨줘. 봉지에 담긴 것들."

"어, 용기 왔어?" 지혜.

우리 넷은 열심히 짐을 옮겼다. 나는 문교와 무거운 가구와 세탁기도 내렸다. 장인어른도 차를 갖고 오셔서 거기에 자잘한 봉투 짐과 비닐 백들을 담았다.

"고생이 많아!"

"아휴, 뭘요. 도와주셔서 감사합니다!"

장인어른의 차에 가득 실어서 먼저 이사 집으로 갔다.

"용기도 같이 가야 할 거 같아. 짐이 많아서."

나는 용기 보고 차에 타라고 했다. 용기는 짐들과 함께 뒷좌석에 구겨져 지혜, 장인어른과 먼저 출발했다.

이삿짐 기사님도 오셔서 우리가 1층으로 내린 짐을 바로바로 차에 실으셨다. 연세가 있으신 기사님은 말하지도 않았는데 내가 문교에게 알려준 거북이 전법으로 트럭에 짐을 실었다. 나는 문교에게 기사님을 가리켰다. "봐봐, 문교. 맞지?" 나는 문교에게 거북이 전법이 합리적인 것임을 알렸다.

기사님은 엄청난 테트리스 실력으로 전체 짐의 70% 정도나 한 트럭에 높게 쌓으셨다. 한 차 가득 싣고 문교와 나, 기사님은 이사 집으로 출발했다. 한 번 더 와서 나머지 짐과 대형 냉장고를 실어야 했다. 문교와 나는 땀을 뻬질뻬질 흘렸다. 문교는 대단한 게 아무 말도 하지 않고 쉬는 기색 없이 번쩍번쩍 무거운 짐을 1층으로 옮겼다. 물류에서 7년을 일한 게 어디 가지 않았다.

"이 정도면 물류에서 하루 일하는 것의 얼마 정도야?"

"이 정도면… 하루 일의 사 분의 일 분량이야."

"멋지구만."

역촌역을 지나면서 기사님과 이런저런 대화를 나누다가 연신내역에서 우연히 달리기 이야기가 나왔고

"문교는 몸이 다 근육이야. 근데 허벅지가 달리기를 해서 너무 얇아졌어!"

"다, 달리기?"

"어! 달리기하세요?"

"달리기. 달리기했지. 마라톤 풀코스도 뛰고 다 했어. 내가 옛날에는 신문에도 나오고 그랬어. 100km, 200km도 달렸지."

"200km요?"

내 귀를 의심했다. 200km면 모르면 몰라도 서울에서 대전은 가야 하는 거 아닌가? 서울에서 대전까지 달린다고? 한 번에?

"달리기해?"

"저는 별로 안 하는데 동생이 매일 뛰어요."

"저는 매주 50km씩 뛰어요." 문교가 말했다.

"50km? 허허, 많이 뛰는구만. 나도 매일 뛰어. 오늘 아침에도 한강 달리고 왔지. 매일 7~8km씩."

기사님은 핸드폰 만보기에 찍힌 만 이천 걸음을 보여주셨다.

"만 보 뛰는 것도 쉬운 게 아니야."

기사님은 200km를 제주도에서 달렸는데 서른다섯 시간이 걸렸다고 했다. 서른 다섯 시간 동안 뛴다고? 말이 되나…?

"런– 하이라고 아나?"

"러너스 하이요? 들어만 봤죠."

"그런 순간이 꼭 있어. 아무 힘이 들지 않고 수월하게 저절로 계속 달리는 거야."

아파트에 도착한 우리는 트럭 걸쇠를 열고 짐을 내렸다. 무거운 짐은 스케이트보드 같은 손잡이 없는 수레에 실어 꼭대기층으로 옮기고 수레만 들고 오는 식이었다.

짐을 얼마 옮기지 않는데 갑자기 엘리베이터 하나가 점검 중이 떠 시간이 배로 걸렸다. 지혜와 용기도 와서 네 명이 같이 옮겼는데, 엘리베이터만 아니면 금방 할 것을 공사 중으로 한 차선이 막힌 차량 행렬처럼 엘리베이터 앞에서 정체됐다.

기어코 집 앞에 짐을 모두 두고, 나와 문교는 기사님과 다시 응암집으로 갔다.

"달리기할 때 신발도 중요한가요?" 문교가 물었다.

"그럼! 신발 중요하지."

"어떤 걸 쓰세요?"

"난 아식스. 사람마다 달라. 맞는 신발이 있어. 누−발란
스도 있고 미즈노도 있고. 신발은 두 켤레 똑같은 걸 사서
2주에 한 번씩 갈아 신으면 좋아."

우리는 응암집에서 나머지 짐을 싣고 가장 무거운 대형
냉장고를 셋이 옮겼다. 은색 냉장고는 손잡이도 없고 재질
도 미끄러웠다. 기사님의 가이드로 우리는 4층에서 1층까
지 천천히 내렸다.

"엎어!… 내 쪽으로 밀고. 천천히… 한 계단만 내려서 세
우고!… 천천히 놓고… 세워!"

냉장고는 손잡이도 없고 키도 높았으며 계단은 낮아서
극악의 난이도를 자랑했다. 나와 문교가 아래에 있고 위에
서 기사님이 혼자 잡으셨는데 나이에 비해 근력이 대단하
셨다. 칠십이 다 되셨다는데. 그렇게 또 냉장고까지 트럭
에 싣고 모든 짐을 싸서 트럭을 닫았다.

"마지막으로 뭐 남은 거 있나 확인하고 와요."

"네."

나는 마지막으로 정든 응암집으로 올랐다.

내가 정말 좋아했던 집. 지혜가 처음 본가를 나와 살림을 꾸린 집이며 나와 지혜가 처음 같이 시작한 집. 항상 그랬듯 직박이가 울고 향나무가 흔들렸다. 나는 내 방, 지혜 방, 거실을 쭉 둘러보며 마음속으로 작별 인사를 했다. 돌이킬 수 없는 시간, 인생에 단 한 번뿐인 시간과도 안녕이었다. 거실 책상에 앉아 즐거운 시간을 보내고 있는 지혜와 나를 상상했다가, 현관문을 닫았다. 안녕, 안녕! 모두 안녕! 직박이도, 옥상이도(창문 바로 앞 옥상에서 잠자던 길고양이) 안녕!

다시 이사 집으로 출발했다.

"이사 일은 많으세요?"

"많죠. 하루에 한 번은 꼭 있어요. 하루에 한 번에서 세 번씩도 하죠."

"이걸 세 번씩이나요?"

이 힘든 이사를 세 번씩이나 하신다고. 대단하셨다. 달리기 이야기도 더 해주셨다.

"달리기는 근력이 중요해. 회복은 차가운 물에 몸을 담그는 게 최고야. 뜨거운 물 갔다가 차가운 물 갔다가 하면서." 문교와 나는 고개를 끄덕였다.

"힘들 때는 빨리 다른 생각을 해야 돼. 차바퀴를 본다거나. 노래를 부른다거나. 빨리 다른 생각을 해야 돼. 힘들단 생각에 빠지면 안 돼."

목적지에 도착한 우리는 트럭에서 내려 다시 짐을 내렸다. 문교는 기사님과 마곡 할머니 댁으로 냉장고를 옮기러 동행했다. 마지막으로 기사님이 말씀하셨다.

"새집에서 둘이 잘- 사시고요. 앱에서 거래확정을 꼭 눌러줘야 나한테 돈이 들어와요."

"예, 바로 누를게요!"

"그럼 잘- 사세요."

"네, 감사합니다! 연이 돼서 또 뵈면 좋겠네요! 안녕히 가세요, 감사합니다!"

생글생글 웃으시는 기사님은 엘리베이터 문 뒤로 사라지셨다. 문교는 마곡에 갔다 돌아오겠다고 했고(정말 고맙다!) 나와 지혜, 용기 이제 셋이서 짐을 풀었다. 나는 짐 풀기는 천천히 하려고 했는데 용기가 적극적으로 도와줘서 짐 풀기도 그날 끝까지 진행할 수 있었다.

해체했던 가구를 설치하고 상자를 하나씩 다 열어 짐을 구석구석 넣고, 옷을 정리하고, 책을 정리하고, 약상자를 놓고, 식기와 기물들을 놓다 보니 어느새 해가 졌다. 지평선을 물들인 붉은 석양이 우리에게 잠시 비추는 행복처럼 앵봉산 너머로 홀연히 도망치듯 사라졌다.

"형, 나 이제 가도 돼?"

"어! 당연하지. 다 했어. 진짜 고맙다. 어서 가봐. 용기도 가도 돼!"

"전 더 도와주다 갈게요."

"아 그래? 진짜 고맙다!"

용기는 상자를 다 열고 푸는 것까지 하고 밤늦게 갔다 (다음날 용기는 근육통에 움직일 수 없다고 했다). 진짜 둘 덕분에 하루 만에 해치울 수 있었다. 지혜와 나는 할 수 있는 데까지 하고 나머지 짐은 베란다에 밀어 넣은 뒤 잘 준비를 했다.

"진짜 고생했어요."

"무거운 짐은 인교가 다 옮겼는데. 허리 안 아파?"

"아무렇지 않아요. 문교가 무거운 건 많이 들어줘서."

"정말 고맙네!"

이사 일 보통 아니다. 너무 쉽게 생각했다. 몸이 힘든 것보다 물건이 많아 정신이 정말 힘들었다. 온갖 물건에 현기증이 나서 다음에는 꼭 돈을 써야겠다고 생각했다. 어쨌든 이사 끝났다!

진중한 사람

이사를 끝내고 다시 홍 관장님을 만났다. 관장님께 구체적인 급여와 직무를 알려주면 좋겠다고 했고 관장님은 빠른 응답을 주셨다. 김 관장님, 홍 관장님, 두 분이 말하는 것은 유사하나 서로 다른 구조의 마인드맵을 가지고 계셨다. 김 관장님이 노드와 노드가 연결된 트리 형태였다면 홍 관장님은 보다 대분류에서 소분류로 이어지는 폭포식이었다. 두 분의 그것을 들은 것만으로도 귀중한 경험이라 생각했다. 홍 관장님이 준비하신 이야기를 쭉 들은 나는 다음날 생각을 정리하여 말씀드렸다.

나는 정말 고민을 많이 했다. 내 현재 상황에서 프랜차이즈를 하기에는 자본금의 위험성이 컸다(고금리 대출). AI를 하기에는 데이터에 관한 관심, 특히 그 귀결로 인간이 얻는 것에 관한 결과물에 부정적이었다. 그쪽 분야에서는 알고리즘과 수학에 관심이 있었는데 사실 AI 쪽에 가면 그런 업무는 코어 멤버나 맡아 하거나 업무의 10~20% 정도만 그 포션이었다. 그리고 대부분은 내가 싫어하는 컴퓨터와 맞대하는 개발 업무였다.

한 가지 빼놓고 말하지 못한 것이 있는데 오한 속에 지원했던 코드스테이츠 부트캠프에도 덜컥 붙어버렸다. 나는 탑승 버튼을 클릭하는 것을 유보하고(그걸 눌러야 정식 등록이 됐다) 지혜와 합정에서 조금 고민한 뒤 관장님께 먼저 제안을 했다. 다른 것은 아녔다. 내가 가진 경력, 우육면관에서 보여준 모습(매출 상승에 기여한 부분이라면 너무한 자평일까?), 인사평가 결과 등을 고려해주시면 좋겠다는 것이었다. 나는 더불어 채용된다면 어떤 분야, 어떤 과제에 즉시 기여할 수 있는지도 간략히 제시했다.

관장님은 빠른 답장으로 "고민해보겠다"고 하셨고 그래서 또, 또, 또! 월요일에 면담을 가졌다.

관장님을 만나러 가는 길 코드스테이츠 부트캠프를 취소했다. 개미술사가 되는 것은 악수란 판단이 들었다. 그 까닭은 지난 진로 고민 동안 돈 많이 버는 개미술사가 되는 방법도 있으니 그것을 고려해보자, 할 때를 제외하곤 전혀 그런 것에 관심 두지 않는 나를 재발견할 수 있었다. 그리하여 관장님과 면담에서 나는 "예. 하겠습니다." 진중식품의 정식 입사를 선택했다.

"매니저부터 시작하셔서… 청계천점을 아직 안 해보셨으니까……."

업무에 관한 구체적인 얘기를 듣는 순간 나는 결정을 무르고 싶었다. 자, 잠시만요. 취, 취소할게요. 조금만 더 생각해보고 말씀드리겠습니다!

지난 7년간의 글쓰기 생활을 청산하고(낮에는 글 쓰고 밤에는 일하는) 내가 덜 잘하는 분야로 이동한다는 두려움이 있었다. 지금까지 이룬 모든 것을 잃는 기분이었다. 내가 수백 번 이 삶이 옳다고 확신했던 삶에서 월요일 오후 5시, 돌연 배신을 한 나는 그 삶에 등을 돌려버렸다. 그리고 나는 진중식품을 향해 나아갔다.

진중한 사람인가, 진중하지 않은 사람인가. 장고 끝에 우육인간은 '진중한 사람'이 됐다.

번외편 〈우육크래프트〉

1

진중한 사람이 되고 고량주관 매니저로 일 년 넘게 근무하고 있던 24년 5월 이른 여름, 새로운 우육면관 지점 우육면관 별관을 준공하는 프로젝트에 참여하게 됐다.

그간 저녁 일만 해오던 나는 시공 감리 업무를 위해선 "아침에 나와야 한다"는 말이 제일 두려웠지만 어쨌든 "예, 그래야죠!" 씩씩하게 대답했다. 처음 우육인간이 되면서 바랐던 염원, 글쓰기를 중단하고 9시에서 오후 6시로 일해보겠다는 도전을 제대로 시험받는 기회였다. (고량주관에서는 저녁에만 일했고, 그래서 오전에 내 시간을 가질 수 있었다.)

3호점(또는 우육면관 별관)의 시공 감리를 맡은 나는 당연히 공사 경험이 전무했고 디자인이든 시공이든 그에 관한 지식이 하나도 없었다. 나는 홍 관장님께 우려를 표명했고 관장님은 "어떻게든 시간은 지나있다(?)"는 현명한 답변을 해주셨다.

고량주관에서 우육면관까지 진중식품의 모든 인테리어 디자인을 맡았던 설계팀의 1차 디자인 PT가 있었다. 도안은 멋졌고 도안 그대로 시작해도 좋았지만, 우리는 영업 운영 면에서 약간의 수정을 가하길 원했고 그 커뮤니케이션부터 내가 진행했다.

처음 접하는 분야의 논의들에 머리가 약간 복잡해진 나는 글을 쓸 때처럼 종이와 펜을 꺼내 내용을 정리하고 전달드렸다. 도면과 렌더링에서 본 그림은 메마르고, 냄새나고, 철거되어 모든 면이 헐벗겨진 현장에 가서야 확실히 이해가 됐다.

우리는 1, 2층 주방 도면부터 만들어야 했는데 2층은 홀서버가 사용하는 주방이어서 금방 짤 수 있었던 반면, 1층은 전문 주방으로 이 작업은 1호점의 신 점장님과 함께 진행했다. 먼저 규모가 비슷한 2호점 광화문점의 주방 기물들을 리스트업하고 기물 실측에 관해서는 2호점 점장인 최 점장님께 받았고, 그것을 정리해 1호점 점장님께 넘겨 드렸다. 그리고 도면을 짜는데 편하시라고 기물 스펙과 주방 도면을 인쇄해 손으로 그릴 수 있게 몇 장을 뽑아 드렸다.

새로운 호점의 테이블 사이즈도 정해야 했다. 우육면을 판매할 기본 2인 상과 4인 상의 미니멈, 맥시멈 사이즈를 정해야 했고, 바 테이블의 사이즈는 물론 우육전골을 위해 인덕션을 설치할 2인 전골 상의 사이즈 또한 정해야 했다. 광화문점(2호점)에 가서 전골 그릇과 반찬 그릇, 소스 종지 등을 놓고 사이드 메뉴, 수교 또는 어향가지 또는 탕수육을 놓는다 가정하고 가로 세로 사이즈를 산출했다. 사이즈들을 정리해 설계팀에 넘겨드리면서 동시에 소방 감지기, 온수기 교체 여부 등의 의사결정 사항들도 함께 넘겼다.

그렇게 일이 완료되면 좋은데, 보통은 비용을 본다거나 회의를 통해 고민해 보는 식으로 일은 매듭지어질 수 없게 길어지는 경우가 보통이었다. 식당 도면이 제작되기까지의 이런 자잘한 디테일 벽돌을 짊어질 사람은 바로 나, 인간이자 소, 우육인간 정 팀장이었다.

2

2차 디자인 PT가 있던 날은 사업의 감정과 정신을 피부로 느낄 수 있었다. 결론부터 말하면, 사업이라 부르고 영어권에선 비즈니스라 부르는 그것은 여러 모듈을 총괄하는 업무였다. 그리고 그것은 이 모듈에서 저 모듈로 옮겨 가야 하는 Busy-ness, 바쁜 일이었다.

디자인 PT에서 3호점 도면을 다루고, 김 관장님과의 회의로 고량주관 1호점 업무를 내려받고, 곧장 옆자리의 홍 관장님께 가 2차 디자인 PT 내용을 정리하고, 우선순위에 따라 처리할 일을 나열하고, 업무를 처리하고, 고량주관 현장으로 가 세 명의 홀서버 중 한 명으로 몇 백의 영업을 했는데 이 모든 건 운영, 기획, HR 등의 모듈을 번갈아 바꿔 다루는 활동이었다.

현재 참여하고 있는 일을 진행함과 동시에 현재 유보되고 있는 나머지 모듈들을 잊지 않고 적재적소에 재개할 수 있도록 암묵적인 영역을 다루는 것이 사업의 기술이라고 느꼈다. 예를 들어 고량주관 3번 테이블의 고량주 서비스를 나가면서 마오타이를 설명함과 동시에 고객이 던지는 농을 재량껏 받아주는 한편, 뒤에 숨어 있는 우육면관 3호점의 1층 주방 도면 작업도 언젠가 시작해 끝내리라는 임무도 잊지 말아야 했다. 뒤에 숨어 있는 그런 것들이 여러 개인 것이 사업가 또는 현대 직장인의 사무실 존재 상태라면 존재 상태였고, 사업가의 모듈이라면 최소 일곱 가지 무지개 빛깔 보다 많다는 것이 확인됐다.

동시에 새로운 일들도 발생했다. 나는 어두운 톤의 고량주관에서 흰 서큘레이터가 가슴 높이까지 나오는 것에 문제 제기했고 그에 대해서도 현장 동료들과 논의하고 풀어야 했다. 또 모듈 별로 걸쳐있는 인원들의 스케줄에 관해서도 생각해야 했고 동시에 3번 테이블의 영업도 해야 했으며 오전 조에서 올라온 건의 사항도 수렴해야 했다.

내가 왜 여태까지 사회에 적응을 못했는지 이해가 됐다. 바라보는 방향이 궁극적으로 달랐다. 이러한 모듈 별 다룸 이후 주어지는 자본주의의 상징 자본에 타인보다 관심이 적었고 다시 말해, 자본주의적 비전이 결여돼 있었고, 나 자신을 사회에 반영한 사회는 회색빛으로 보였고, 그 어느 것에서도 경쟁 사회에 가담할 뚜렷한 명분은 찾지 못했다.

내가 원하는 자본은 존재적 자본으로 자유였고, 온전한 시간, 혼자 있음, 자연, 끊임없이 열린 길이었고, 배고픔, 가난한 자에게 복이 있음, 가정의 행복, 평안이었으며, 멜론 거북이 인형, 자살하지 않는 아이돌, 평온한 상태로 죽음을 맞이함이었으니 통 사회의 상징 자본과는 맞지 않았다. 나는 사회에서 파생된 상품은 이용하면서도 사회에 관여함으로써 얻어지는 이점(부와 명예 등)은 즐기지 못했으니 모듈에 관한 미적분을 배우고도 그것의 소용을 모르겠는 사람이었던 것이다.

3

사무실에서 주방 도면 논의가 이뤄졌다. 기물 배치는 완성했고, 이제 거기서 급수(물이 들어오는 것), 배수(물이 나가는 것), 급기와 배기, 전기 등의 위치를 결정해야 했고 이 모든 것이 낯선 나는 높은 산처럼 느껴졌다. 김 관장님은 우육면관 1, 2호점을 시공하셨고 3호점의 시공도 유력한 효식 대표님과 어떻게 해서 싸우게 되는지 기본적인 틀을 설명해 주셨다.

"대표님 입장에선 이걸 왜 도면대로 이렇게 해야 돼? 이게 뭐야? 납득할 수 없는데 설계에서는 그렇게 해야 한다고 하고, 아주 디테일한 그런 것들이 모여서 명품이 되는 거긴 한데." 그 가운데에서 다시 해달라, 이렇게 해달라 하는 입장이니 대표님과 싸우게 될 수밖에 없다고 하셨다. "거짓말 안 하고 그런 게 200개 정도 됐는데 이번엔 80개 정도만 있길 바란다."며 건투를 비셨다.

누가 보면 내가 왜 이 일을 짊어졌는지 이해되지 않을 수 있다. 나 또한 마찬가지의 감정을 가지고 있었다. 그러나 하기로 했으면, 배움이 된다면, 미래에 혹시라도 사용할 수 있는 경험이라면 해봐야 한다고 나 스스로를 설득했다. 그리고 현 회사 상황에서 이 일의 적격자가 나라는 거시적인 관점을 또 한번 차용했다.

내가 감리를 맡은 것의 맹점도 있었다. 나는 디자인을 이해하지 못했다. 왜 5센치로 다 두르지 않고 4센치, 6센치로 나눠 벽을 둘러야 할까? 차이가 있을까? 그 작은 차이를 위해 인적 비용을 쓰는 게 맞는가? 또 만약 그것을 무시하면 전체의 구성을 와해하는 요소로 몇 퍼센트를 담당하나? 이에 관한 책임은 감리를 내게 맡긴 회사의 책임이지만, 나는 나의 무지가 너무 엇나가게 하진 않을까 조금 걱정됐다.

사무실 회의 후 현장에서 폐기할 기물과 추후 사용할 기물을 분리했다. 추후 사용될 것들은 구로에 있는 진중의 연구관에 뒀다가 공사 막바지에 다시 가져오기로 했다.

먼저 분류 작업을 해야 했다. 기름으로 뒤덮인 기물들을 홍 관장님은 거침없이 분류하셨고

"이건 폐기요. 이건 사용하겠습니다."

손과 옷이 더러워지는 것은 물론 이마에선 여름날의 땀이 주룩주룩 흘러내렸다. 에어컨 없는 여름의 현장은 덥기만 했다.

나는 폐기할 것에 빨간 스티커를, 용달 부를 것에 파란 스티커를 붙였다. 분류 작업을 마치고 기물을 빼기 위해선 가스관 해체도 해야 했다. 나는 가스 회사에 연락을 해 약속을 잡았다.

"빠르면 빠를수록 좋습니다. 내일 가능하실까요?"

"내일은 제가 좀 바빠서. 모레 괜찮으세요? 모레 아침에요."

"저희가 당장 급하게 빼야 해서요. 될 수 있는 업체를 그러면 찾아야 하는 상황인데."

"내일 해드릴게요. 저희 업체 사용하실 거 맞으시죠?"

"확정은 아니지만 가능성이 높습니다."

기사님은 바쁘시다고 한 것과는 다르게 요청 시간을 바꾸는 데도 받아주셨다. 다음날 가스 해체 작업을 하고 기물들을 출입구 쪽으로 빼는 작업을 했다.

기물은 본래 고관 분들께 도움을 요청했지만 30도가 넘는 오후 3시에 그것을 옮기기엔 너무 더웠고 영업 전에 그걸로 땀을 뻘뻘 흘리고 홀 서비스를 보는 것도 말이 안 돼서 나는 혼자 옮길 수 있는 것을 모조리 옮기고 혼자 못 옮기는 것만 해질 때쯤에 도와달라고 할 계획이었다.

반바지를 챙겨와 목장갑을 끼고 물건을 출입구 쪽으로 날랐다. 금방 땀이 뚝뚝 떨어졌다. 작업 중에 홍 관장님이 전화를 주셨다.

"인교님, 어디세요?"

"지금 별관에서 기물을 옮기고 있습니다."

관장님은 흔쾌히 도와주겠다고 하셨다. 나는 옷도 챙기

지 않으신 관장님의 도움이 주저됐지만 일단 알겠다고 했다. 청바지 차림의 홍 관장님 역시 금방 땀을 뻘뻘 흘리셨다. 관장님과 나는 1500 테이블 냉장고(테냉), 45박스라고 부르는 양문형 냉장고(직경 1260에 높이 1800에 달하는) 등을 날랐고 900 테냉을 나르는데 이상하게 무거워 아까 1500 테냉 보다 더 무거운 것 같았다.

"분명히 이 안에 뭐가 들었어요."

우리는 옮기고 나서 문을 열어봤다. 숙성된 면 덩어리들이 냉장고 한 칸을 가득 채우고 있었다. 곰팡이가 심하게 슬고 벌레와 구더기 덩어리가 있었다.

"으악!"

전 임대인은 자잘한 물건들을(중식당을 했었던 그곳은 개중에 자기로 된 무거운 그릇이 많았다) 치우지 않았을 뿐더러 냉장고 안의 식품도 다 치우지 않았던 것이다. 비위가 강한 나는 그것을 관찰했다. 45박스 안에는 진공 포장된 돼지고기가 있었고 뭔지 모르는 똥같이 길쭉한 무언가는 완전히 초록색으로 곰팡이 슬어 선반 위에 놓여 있었다.

"다 폐기! 다 폐기합시다!"

폐기할 것과 연구관으로 옮길 것을 분류한 우리는 사무실에서 시공 업체 선정을 위한 견적 자료 도출 업무를 의논

했고, 저녁에는 효식 대표님과 만나보기로 약속했다.

저녁에 연락 왔을 때는 10시쯤 돼야 볼 수 있을 것 같다고 했던 효식 대표님은 갑자기 7시쯤 불쑥 전화를 하시더니 현장이라고 했다. 홍 관장님과 나는 급히 시공 도면 자료를 들고 현장으로 갔다.

"인교님, 조금 정신없을 거예요. 저희가 준비한 자료를 다 물어보지 못할 게 백 프로 확실합니다."

효식 대표님은 시골에서 뵙던 분들과 그리고 특히 평생 이런 일을 해오신 나의 외삼촌과 비슷한 느낌이셨다. 관장님이 나를 소개했다.

"대표님, 이 분은 이 3호점의 시공 감리를 맡은 정인교님이라고 합니다."

"처음 뵙겠습니다. 잘 부탁드립…"

악수를 청했지만 받아주질 않으셨다. 귀찮으니 일단 현장 문이나 열라는 식이었다. 나는 나의 형식적인 허례허식과 꾸밈이 이분에겐 필요 없다고 생각했다. 효식 대표님은 우리가 하는 말을 듣는지 마는지 제일 아래로 떨어진 조명으로 가 전구 아래서 도면을 보셨다. 관장님은 오늘 우리가 만나 해야 할 것과 배경을 설명하셨는데 대표님은 별로 개의치 않고 그냥 도면만 보셨다. 되려 궁금한 점이 있으면 형식을 얹지 않은 투박한 방식으로 툭툭 물어보셨는데 질문은 예를 들자면 폴딩 도어를 제작하는데 들어가는 부품의 매우 디테일한 스펙이었다. 그러니까 효식 대표님은 이걸 만들기 위해서 어떤 재료로 어떤 공정을 거쳐야 하는지, 부품이라면 기성을 써야 하는지 제작을 해야 하는지를 따져 보셨고 어떻게 보면 미시적인 관점에서 시공 비용을 내기 시작했다고 할 수 있었다.

도면을 어느 정도 본 효식 대표님은 그제야 함께 밖으로 나가 외벽 공사가 얼마가 들 것 같은지 "겐또(어림짐작)"를 내셨다. 그렇게 외관에서 1층, 1층에서 주방, 주방에서 화장실, 화장실에서 2층, 2층에서 유리, 유리에서 천정으로 주제를 옮겨 다니며 어림 견적을 냈다. 관장님과 대표님은 식용유 통을 의자 삼아, 주방 선반을 책상 삼아 눈으로 본 것을 계산하셨다. 돈 애기가 오가서 나는 문을 닫고 먼저 나와 퇴근을 했다. 효식 대표님은 볼펜을 들고 대충 얼마가 들지 생각해 보며 종이에 숫자를 휘갈겨 쓰셨다. 아시바 얼마, 외벽 철거 얼마, 전기 얼마, 에어컨 얼마.

다음날 관장님은 그렇게 받은 견적을 가지고 내게 전문 시공 견적서 양식에 맞게 자료를 작성해 달라고 했다. 나는 자료를 정리해 설계팀에게 넘겼고 자재비 외에 도색, 목공, 금속 등등의 작업을 그저 노무비에 녹이는 효식 대표님의 가격 경쟁력을 다른 시공 업체가 도저히 이길 수 없었다. 그리하여 결국 우육면관 3호점도 효식 대표님과 함께 하기로 결정했다.

4

나인 투 식스로 일하기로 했는데 출퇴근이 애매했다. 아홉 시에 출근해서 할 일이 있으면 그것을 하고, 일이 없으면 김 관장님이 주신 고량주관 일을 하다가, 그래도 비는 시간은 대기해야 했다. 카톡에 오는 게 있는가. 전화가 오는 게 있는가. 그러다 보통 퇴근할 즈음에 일이 생기면 일곱 시, 여덟 시 어제는 저녁 아홉 시에 끝났고 그걸 연장근무로 두기에는 중간에 빈 시간도 애매해서 나인 투 식스가 아니라 그냥 하루 종일 붙어 있는 기분이었다.

그래서 그날 할 것을 다하면 바로 퇴근하려고 했는데 퇴근하고도 연락이 온다면 그냥 받아야 하는 상황이어서 내가 사장이 된 기분이었다. 누가 해도 이 포지션은 이랬을 것이다. 나는 내 일인 글쓰기를 거의 할 수 없었다.

효식 대표님은 "주방 도면부터 빨리 달라."고 했고 우리는 그 작업부터 진행했다. 중간에 3차 디자인 PT도 있어서 도면 회의를 한 시간 하다가 설계팀과 디자인 피티를 두 시간 하고 그리고 다음날 도면 회의를 장장 다섯 시간 하여 도면을 완성했다. 기물을 정하고 기물 배치를 정하고 영업 준비와 운영에서 각각 점심, 저녁을 시뮬레이션 하면서 도면을 확정했고 그 몇 시간 자유롭게 오갔던 오십여 가지의 항목을 메모하고 까먹지 않는 것도 다 내가 해야 했다. 이 정도의 하드 워킹을 IT 업체에서 했다면 얼마였을까? 금액이 궁금했다.

긴 회의 뒤에 정리할 시간은 그런데 또 한 시간 밖에 없어서, 나는 일곱 여개의 업무 중 제일 중요한 것을 먼저 뽑아 한 시간 동안 작업했다. 1, 2층 주방 기물 배치와 기물 사이즈를 정리해 승재님에게 도면을 그려달라고 요청했고, 승재님이 내가 용달 상차를 하는 동안 도면을 그려주시면 구로의 연구관으로 이동하면서 휴대폰 위에 전기며 급배수며를 그리려고 했다.

용달 상차를 하는데 선반이나 전자레인지 같은 것은 가벼웠지만 식기세척기가 족히 100킬로는 돼서 1호점 주방 분들께 도움을 요청했다. 식세기를 트럭에 운반하는데 신 점장님의 손가락이 어디 보이지 않는 곳에 껴서 순간 당황했다.

"아아! 내 손가락!"

식세기를 내려야 하는지 올려야 하는지 몰랐고 손가락이 어디에 어떻게 낀 줄 몰라서 더군다나 식세기 자체도 무거워서 아찔했다. 정말 잘못하다 똑 부러질 수도 있었다. 천만다행 손가락이 빠졌다. 아시바 견적 얼마였더라 (아시바; 높은 곳에서 공사할 수 있도록 임시로 설치한 가설물을 뜻하는 일본식 표현). 할 일은 많고 시간은 없고 생활 패턴도 맞지 않아 잠도 못 자고 이러다가 사고 나는 거구나 싶었다.

용달 기사님과 고정끈으로 기물들을 묶고 연구관으로 떠났다. 용달차에서 도면을 작업하는데 김 관장님이 묻는 질문에 대답도 해야 했고 도면 작업도 하고 커뮤니케이션도 하다 보니 고개 들면 용산, 고개 들면 한강, 고개 드니 도착이었다.

연구관에서 하차는 대엽님과 둘이 했다. 나는 식세기를 혼자 엘리베이터에 잡아 끌어 넣고, 또 끌어 뺐다. 그 정도의 힘은 있어서 다행이었다. 엘리베이터도 사람이 많아 세 번을 보내야 했다. 어떻게 저떻게 연구관으로 주방 기물들을 다 옮겼다. 대엽님이 식사를 한다고 해서 같이 국수를 먹었는데 식사 중에 대엽님이 하는 말을 제대로 대답도 못 해 미안했다. 나는 도면과 휴대폰만 들여다보며 계속 도면을 만들어야 해서 사람을 앞에 두고 정말 미안했다. 고기 국수를 먹었는데, 맛있었는데 뭐랄까 정신을 차려보니 그냥 다 넘어가 있었고 고기 국수 그것은 설렁탕에 면과 삶은 돼지고기를 넣은 그런 음식이었다.

"고기 국수는 다 이런 거예요?"

"네. 제주에서 파는 고기 국수는 이런 거라고 보심 돼요."

밥은 대엽님이 사주셨다. 나보고 커피를 사달라고 했다. 대엽님은 잠깐 얘기를 하자는 것이었는데 커피 마실 시간이 없던 나는 대엽님의 얼그레이 티만 사주게 됐다.

"인교님 꺼는 안 사셨어요?"

"예. 저는 안 샀어요(?)"

다섯 시 반이었다. 구로디지털단지의 수많은 회사원이 일제히 퇴근을 시작했다. 나는 여섯 시가 되는 것이 두려웠다.

"여섯 시 되면 병목 현상이란 걸 볼 수 있습니다. 저-기 광장에 사람들이 꽉 차서 저기 계단 있죠? 저기 저 계단에 꽉 차서 쪼르르륵 계속 내려갑니다. 한 번은 저-기 가운데 계단을 보수 공사한 적이 있는데 그때는 진짜 이 광장에 사람이 다 찼었어요."

미안하지만 대엽님께 인사를 하고 먼저 지하철을 타러 갔다. 지하철을 타러 가면서도 휴대폰으로 전기 콘센트가 어디 붙어야 하는지, 포스기가 어딨는지, 급수가 어딘지, 온수가 어딘지 나는 지금 무엇을 해야 하는지, 빼먹은 것들은 없는지 계속 도면과 휴대폰을 확인했다. 고개를 드니

합정이었을뿐더러 신기하게도 합정에서 6호선으로 갈아타는 통로를 내가 자동으로 가고 있었고 배수관을 어디에 놔야 하는지 그림을 그리고 고개를 드니 지하철에 타고 있었다. 신기했다. 승재님과 계속, 여러 번, 수차례 이야기하면서 결국 1, 2층 도면을 일러스트로 완성했고 집에서 자료와 텍스트들을 최종으로 정리해 설계팀과 관장님들께 전달했다. 한 가지 빼먹은 것이 있었다. 모두가 헷갈리지 않도록 철거 범위뿐 아니라 절차도 명시해야 했다. 나는 긴 텍스트 뒤에 한 마디를 덧붙였다.

"추가적으로 1)현재 세워진 1층 주방 내부 가벽들은 모두 철거하고, 2)기존의 후드 모두 철거 후, 3)그림 3처럼 새로 후드 설치되는 절차임을 한 번 더 말씀드립니다!"

"네 알겠습니다!"

하루가 끝났다. 저녁 8시 24분이었다. 그제야 지혜의 불투명도를 100으로 올려 지혜를 볼 수 있었다. 지혜가 해준 두부 계란탕을 먹고 어제 세 시간만 자서 낮잠을 좀 잤다. 지혜가 열이 나기 시작했고 감기에 걸린 것 같다고 했다. 걱정이 되기 시작했다.

5

그간 바빠서 기록하지 못했지만 착공을 하고서도 한 주가 지났다. 우여곡절도 많지만 어떻게든 공사는 진행됐다. 기존의 1층 주방도 걷어냈고, 2층 주방에는 배수관을 묻기 위해 단상을 조적했다. 물건과 폐기물도 치울 건 다 치웠다. 빈 병과 주류 박스는 주류 회사에 넘겼다.

공사에서 받는 스트레스는 철거된 현장이 도면과 렌더링의 예쁜 공간이 되기까지 어떻게 만들어지는지 전혀 모른다는 점에서 기인했다. 소고기와 버섯, 빵이 있고 고든 램지의 비프 웰링턴 그림이 있다. 대체 어떤 조리법과 순서에 따라 만들어지는지 모르는 사람이 요리사에게 "잠깐만요, 그게 맞나요? 그림에선 빵이 둥글게 돼 있는데 왜 빵을 바르게 펴져요?" 아주 일을 못하도록 훼방 놓는 입장이었다. 나 또한 홀서비스팀의 실무자로 바깥에서의 그런 지적이 얼마나 업무 의욕을 떨어뜨리는지 잘 알고 있었다. 내가 그런 우를 범할 가능성이 농후했다.

시공 업체의 문제는 한 가지였다. 결론을 너무 빨리 내는 바람에 도면에 따라 될 수 있던 것을 틀어지게 한다는 것이었다. 계획과 초기 배선만 잘 짜면 수행은 뚝딱하는 능력을 가지셨다. 그렇다면 나는 결론에 너무 빨리 떨어지지 않도록 그것을 쥐고 사이에 대화를 진행해야 할 것인데 아, 나는 그림만 알았지 어떻게 만들어지는지 전혀 모른다는 문제가 있었다.

다음 주엔 아시바를 치고 외벽 철거를 진행한다고 한다. 당연히 외벽이 어떻게 떨어지고 그 안이 무엇으로 채워지는지 전혀 모른다. 내 역할은 외벽이 떨어지는 걸 사뭇 심각한 표정으로 바라보면서 계획대로 진행되고 있는지 작업자 스스로 자각하도록 저 멀리서 초주파 연기를 펼치는 어떤 얼굴 정도가 될 것이다. 망치로 때려도, 포크레인으로 뜯어도 나는 잘되고 있다고 생각할 것이 애석한 점이다.

한주 출퇴근 버스에 끼어 가면서, 자리 한번 난 것을 일확천금이라도 얻은 듯 털썩 주저앉아 목적지로 가면서 과연 지친 현대인이 읽을 수 있는 텍스트가 있을까 했다. 부르디외의 논지는 전과 다르게 집중하기 어려웠고, 나는 너무 땀 벅벅이었고, 그저 피곤하기만 했다. 지친 회사원을 일으켜 세울 글 같은 건 전혀 없어 보였다.

회사원에게 업무란 버겁지만 그만둘 수도 없는 것이었다. 퇴근 후 저녁에 돌아오고 나선 시간이 있지만 그것은 그저 아무것도 아닌 시간이었다. 아침은 나가기 싫지만 그래도 나가야 하는 아침이었다. 이게 어른의 삶이라고 세상은 말했다.

현장 작업자 한 분을 얘기하지 않을 수 없다. 그는 흡사 멧돼지 같다. 뿔을 꺾어버려 달려들지 않는 멧돼지. 그래도 뚫리지 않는 근육과 단단함이 느껴지는 멧돼지. 그분은 첫날 혼자 2층의 내벽을 모두 뜯어 부쉈다. 드릴로 벽을 깼을 때는 발끝에서 머리까지 먼지를 전부 뒤집어썼고 마스크도 쓰지 않으셨다. 천장이 천막으로 가려진 2층은 무척 더웠다. 그저 머리에 내려앉은 먼지를 몇 번 털고 담배 한 대를 피웠다.

어느 때에는 40킬로 시멘트 몇 십포와 벽돌 몇 백 개를 혼자 날랐다. 어깨 짐을 지고 그 무거운 것을 2층으로 통통 올랐다. 내가 도와줄 때는 그냥 두라고, 자기가 천천히 하면 된다고 무뚝뚝한 말을 건넸다. 나는 그분을 보면서 어떻게 자신을 그렇게 혹사시킬 수 있는지 궁금했다. 조금이라도 편한 방법을 고안하지도 요령을 피우지도 않으셨다. 그 모든 걸 담배 한 대에 날려보내고 다시 일했다. 그저 대단했다.

힘든 일이 두려워 집에 숨어버린 사람이 있다면, 제 몸 사리지 않고 그냥 지옥 바닥에서 묵묵히 일하는 사람도 있었다. 말은 필요 없었다. 직업 선택에 여러 가지 장단점과 하고 싶은 것, 하고 싶지 않은 것을 따져 분별하기 마련인데 그런 것도 없었다. 그냥 했다. 애초에 사고의 출발 자체가 없어 보였다. 어떤 점이 힘들고 어떤 점이 맞지 않아 이 일을 못하겠다 판별하는 것도 없었다. 아무리 인이 박였어도 당연히 몸이 아플 것인데 상관없었다. 자재가 오면 그냥 2층으로 날랐다. 그게 전부였다.

6

2주 차가 되면서 매장 바깥에 비계(飛階)가 세워졌고, 내부에는 석고 보드와 목조도 세워졌다. 지저분한 면에 석고 보드를 붙이니 벽이 반듯해져 새로운 매장이 생기는 느낌이 들었다. 목수 분이 설계도를 따라 벽을 세우니 비로소 렌더링에서의 모습도 보였다. 숙달된 목수 분들은 필요한 치수를 재서 척척 면과 기둥을 금방 만들었다. 전기 작업자들은 조명이 들어올 위치에 따라 구멍을 내고 선을 빼셨다. 한쪽에선 주방 단상을 쌓는 작업이 마무리되고 있었고, 벽면의 철거도 진행되고 있었다. 뭔가 뚝딱뚝딱 되고 있었다. 이 모든 게 생소한 나는 그저 신기한 눈으로 바라봤다.

도면이 현실이 되기까지는 설계팀에서 나서서 소통해야 그제야 말이 통했는데 대체 그분들 없이 어떻게 공사가 진행됐을지 상상이 가지 않는다. 내가 할 수 있는 영역이 전혀 아녔다.

토요일에도 나왔다. 효식 대표님(시공사 대표)이 9시에 전화하셨고, 가구 업체에선 10시에 전화가 왔다. 가구 업체에선 여전히 내가 모르는 용어를 나열하며 주르륵 얘기하시는데 첫째, 방금 사용한 용어를 알아듣지 못해 음절조차 따라부를 수 없었고 둘째, 그런 게 단어에 단어를 이어 문장으로 나오니 "잠시만요 대표님" 하고 무엇부터 잡고 시작해야 하는지도 어렵고 셋째, 또 방금의 설명이 지금 우리가 오가는 대화에서 필요한 것인지 아니면 제작 업체에서 어떻게 만들 것인지 그 절차를 나름 자신에게 설명한 것인지 알 수 없었다. 그러나 또 나름 그걸 이해해서 설계팀이나 관장님에게 내용을 전달해야 하는 게 나의 일이었다. 도면을 그린 사람이 직접 소통하는 건 안되는 걸까?

제대로 된 글은 아무것도 쓰지 못했다. 내 가게를 40일 닫고 여기 가게를 도와주는 셈이었다. 공사 2주 차에는 목공과 전기, 에어컨, 기존의 폴딩 도어 해체 등을 했다.

나는 주방 업체와 컨택해 주방 견적을 낸 뒤 시기적절하게 주방 기물이 들어오도록 예약 잡는 것, 그에 앞서 주방 바닥 유크리트 시공을 하기로 중간에 결정해 업체 연락처를 받아 시기적절하게 예약 잡는 것, 그리고 주방에 유크리트 시공은 절대 안 된다는 효식 대표님에 반대 의견을 듣는 것, 공조 시설 덕트 업체의 스케줄을 확인한 뒤 주방 기물이 들어올 시점을 미리 예지해(?) 그 뒤로 예약 잡는 것, 튀김기 커스터마이징 묻기는 어제 했고, 인터넷,

POS, 정수기도 예약해야 하고, 조명 기성품도 설계팀에 묻고 주문 넣어야 했고, 조명 제작도 관리해야 했고, 간판 사이니지도 진행되도록 설계팀과 협업해야 했고, 스피커 다는 시점에 스피커도 빼먹지 않아야 했으며, 집기의 개수 도 정하고 시기적절하게 도착하도록 (공사 중에 도착하지 않으면서 동시에 너무 늦지는 않게) 타이밍 잡아야 했고, 주방 도구 또한 마찬가지였는데 이건 주방팀의 도움을 받 았다.

나 스스로는 초기의 목적을 매일 달성하는 중이었다. 어 찌 됐든 공사가 어떻게 되는지, 도면이 어떻게 실재화되는 지 목격하고 있었다. 전기는 배전함에서 저런 식으로 나오 고, 우리가 지나면서 봤던 벽 조명등은 저렇게 달리고, 외 벽은 목조를 대서 칠을 하면 저런 모습이 됐다.

시공이 진행되면서 여기 가담한 사람들 마음에도 리트 머스 색이 드러났다. 누구는 파랬고 누구는 빨갰는데 왜 그런 색이 나오는지 이해가 됐다. 아무 이유 없이 화내는 사람은 없었으며, 아무 이유 없이 우는 사람도 없었다. 양 쪽을 조정하는 게 내가 맡은 역할로 외교관이 된 기분이 었다.

이 일을 하면서 내 글에 관해서도 생각했다. 벽을 쌓고 그 사이에 창을 두는 것에도 다양한 접근법과 해석이 가능했다. 폴딩으로 할지, 양문으로 할지, 열리지 않게 할지 다양한 방식들을 나름에 맞게 결정해야 한다. 내 글이 집이었다면 어떤 모습이었을까? 나는 단순 명쾌하고 넓고 명랑한 집을 짓고 싶었다. 없는 것은 없는 대로인. 여러 불편을 극복하고자 치열한 두뇌 싸움을 벌여 조잡한 장치를 두지 않는. 때가 되면 그런 걸 쓰고 싶다.

7

3주 차가 되면서 기존에 달려 있던 폴딩 도어와 전면 유리창을 철거하고 목조 구조를 만들었다. 1센치, 2센치, 3센치 설계팀에선 매우 미세하게 위치를 따졌고 나는 그것에 대해 완벽히 정형화된 사진을 찍는 게 아니라면 실효적인 의미가 있을지 싶었다.

3주 차에는 특히 설계팀에서 지연되는 일 처리와 소통으로 스트레스 받았다. 나나 관련 업체나 약속 시간에 기다리고 있을 터인데 늦을 수 있다거나, 어디까지 됐다거나 하는 알림 없이 그저 묵묵부답이었다. 이해가 되지 않았다. 그쪽에서 얘기가 없으니 지체되는 점에 죄송하단 소리는 또 내가 해야 했다. 왜냐면 아무도 아무 말도 하지 않으니까. 인덕션 업체에 가구가 늦어져 스케줄을 변경해야 할 것 같다고 할 때도

"이러시면 저희 업무에 차질이 생겨요."

가구 회사에 도면이 늦어지는 것에 대해서도

"이렇게 하시면 저희 다른 일 못 하고 저희 업무에 차질이 생겨요."

그런 말을 듣는 것은 나였다.

일도 하나 제대로 되는 게 없었다. 설계에서는 컬러 코드를 가지고 을지로 페인트 회사에서 샘플을 받아 준비해 달라고 했다. 땡볕을 걸어서 을지로 페인트 업체를 찾아 컬러 코드를 주니 "이것만으론 우리가 알 수 없다"는 답변이 돌아왔다.

"어디에 어떻게 사용하려고요?"

"합판 나무 위에 도장하려고 합니다."

"내부용이요? 외부용이요?"

"내외부 다 할 거예요."

"내부로 하면 이 색이 안 나와요. 이렇게 진한 색이. 그리고 정확히 유성인지 수성인지 우레탄인지 어떤 걸 하실 건지 정확히 말해 줘야 저희가 색을 뽑아드릴 수 있어요."

목재에 도장한다 정도면 페인트 사에서 알아서 주는 게 아녔나? 더 디테일한 무엇을 전달해야 페인트를 받을 수 있는 거라고? 그런데 왜 설계에선 그것만 알려주고 나를 보냈지? 나는 설계팀에서 즉각 전화했다. 내가 들은 대답

은 "모른다." 였다. 효식 대표님에게 물어봐야 할 것 같다
고. 인테리어를 하면서 이걸 모르는 게 말이 되나 싶었다.
우리는 인테리어 지식에 관해 금액을 지불한 것 아닌가?

페인트 업체는 두 번째 방문이었는데 매우 매우 바빠 보
였다.

"조색도 엄청 오래 걸려요."

"얼마나요?"

"오래 걸려요. 하여튼 엄청 걸려요. 지금 해드릴 수가
없어요."

일이 너무 많아 받고 싶지 않은 눈치였다. 내 눈으로 봐
도 일을 받을 수 있는 상황이 아녀 보였다. 나는 인터넷을
뒤져 도장은 수성 페인트란 결론을 얻었다. 페인트 업체
말로는 내가 들이민 컬러 코드가 수성 내부용으로는 나오
지 않는다고 했는데 그럼 수성 외부용으로 실내를 발라도
되나? 아니면 다른 유성이나 우레탄 이런 걸로 발라야 하
나? 아님 그냥 이 색은 내부에 못 바르는 건가? 뭐가 어떻
게 되는지 모르겠었다.

나는 효식 대표님에게 가 거래하는 페인트 업체를 물었
고 역촌역에 있는 지점을 찾았다. 그 지점은 조용했고 또
명쾌하게도 수성 외부용으로 바르면 된다고 했고 금속은
보통 유성으로 바르거나 제쏘라는 걸 바르고 수성을 덧바

르기도 한다고 했다. 그리고 을지로에서 오래 걸린다던 조색이란 것도 컴퓨터에 수치를 적어 넣으면 알아서 뚝딱하고 나왔다. 을지로 업체 분이 "오줌을 너무 오래 참고 있다"고 하던 것이 떠올랐다.

페인트 샘플을 만들 수 있다는 것은 알았지만 샘플 받는 것에도 문제가 있었다. 컬러 코드의 색이 너무 진해 1L 샘플용으로 만들 수 없고 그러면 4L나 돼야 하는데 하나당 7~8만 원이라고 했다. 나는 다섯 개의 컬러 코드를 받았는데, 그러면 다섯 개의 샘플을 만든다면 샘플비만 40만 원이었다. 나무에 한 번씩 바르는 비용 치고는 너무 비쌌다. 그래서 두 개만 추려 적갈색 페인트 두 통을 만들고 그것을 집으로 들고 날랐다. 다음날 출근할 때는 만원 버스에 양손에 페인트를 들고 타야 했다. 지금 내가 대체 뭘 하고 있는 건가 하는 생각이 들었다. 내 일은 하나도 못하면서 페인트 통을 들고 만원 버스라.

버스에 앉아 가기 위해 6시 반에 일어났다. 필사적으로 앉기 위해 일찍 일어난 것이다. 다행히 자리는 있었다. 나는 다리 사이에 페인트 두 통을 끼고 앉아 갔다. 그리고 그날 오전 현장에 온다던 설계팀은 오전 내내 오지도 않고 연락도 없었다. 도착한 것은 오후 2시 반이었는데 그것도 내가 물어서야 답을 했다. 헐레벌떡 오는 그들에게 아쉬운 소리를 하고 싶진 않았다. 그만큼 바쁘기도 한 것도 사실이었다. 게다가 관장님과 관계가 있으셔서 무슨 말을 꺼내기가 어려웠다. 대체 얼마나 바쁘면 그럴까 했다.

그날 설계팀이 온 이유 중 하나는 바 테이블 도면을 만들어 가구 업체에 넘기기 위한 게 있었다. 현장에서 설계팀에게 가구 사장님이 기다리고 있을 것이니 연락을 해달라고 했다. 왠지 안 할 것 같아서 그날 저녁 퇴근하고 또 한번 도면 일정이라도 보내달라 얘기했다. 다음날 토요일 아침 가구 사장님과 통화했을 때는 아무 연락도 온 게 없다고 했다.

홍 관장님께 해보지도 않던 하소연을 했다. 관장님은 저 멀리서 "얼굴에 왜 이렇게 근심이 가득하세요." 하며 다가오셨고 나는 사실 조금 나아진 상태였다. 일이 여러 갈래로 많고 컨트롤할 수 없는 것이 많고 하나하나의 영역에 대해 무지하단 것도 문제였지만, 제일 문제는 진도 나가지 않고 계속 지체되는 설계 쪽에서의 지연과 그것에 관한 소통과 읍소를 내가 처리하는 상황이었다. 그걸 업체와 직접 소통하면 되지 굳이 내가 중간에 껴서 내가 변호인 노릇하는 것도 이상했다. 고객은 우리인데.

예를 들어보자.

역촌역 페인트 업체에 샘플 4종을 추가 요청하고 고량

주관에 "퀵이 날아올 거니 돈통에서 주시고 알려주세요" 라고 했지만 샘플을 만들 수 있다던 업체에선 베이스가 부족해 내일 발주해 만들어 주겠다고 했고, 그러면 나는 고량주관에 다시 "퀵 온다고 했던 거 무시해주세요"라고 하고 우육면관에 가서 "내일 오전에 퀵 올 텐데 받고 금액만 저한테 알려주세요"라고 하니, 다음 날 아침 업체에선 월요일 현장에 계실 때 보내줘도 되냐고 했고 나도 내가 직접 받는 게 낫다 판단해 다음 주 월요일 오전에 보내달라고 하고 다시 우육면관에 연락해 "퀵 날아온다는 거 무시해주세요"라고 해야 샘플을 받을 수 있는 게 여기서의 일이었다.

그런데 이건 나와 페인트 업체가 직접 연락하니 괜찮다.

여기에 설계팀과 업체가 직접 연락해야 하는 걸 내가 중간에 껴 있다고 상상해 봐라. 일이 얼마나 더디고 말이 안 될지. 나는 관장님께 "제가 왜 도와준다고 했나 그런 생각도 들다가 아, 그래도 도와드려야 다른 일을 하시지 양가감정이 든다."고 했다.

내가 점주고 돈을 낸 사람이었다면 상황은 나았을 것이다. 그 난간 3센치 띄우는지 5센치 띄우는지 고민하지 마시고 그냥 덮어주세요, 라든가 난간 7센치 옮긴다고 뜯는 건 안 하겠습니다, 라든가 간접 조명 다 빼주세요, 라든가

했을 것이다. 하지만 돈 낸 사람은 관장님이어서 나는 의사결정도 못 했다. 관장님이 보는 관점과 내가 보는 관점이 다를 것이니 뭐 내가 할 수 있는 게 없었다. 정말 모든 것이 애매했다. 사사건건 앞뒤로는 설계팀과 여러 업체 사이에서, 위아래로는 의사결정권 없는 아래에서의 입장에서 매일이 곤란하기만 했다.

8

페인트에서의 일이 계속됐다. 우육면관에서 오일 스테인(목재에 사용되는 마감재의 한 종류로, 목재 보호와 착색을 동시에 할 수 있다)으로 칠한 적갈색을 수성 페인트로 같은 색을 찾아야 했다. 스테인과 페인트는 방식이 거꾸로였는데 스테인은 투명 오일에 색료를 넣어 색이 쉽고 진하게 나오는 반면 페인트는 밝은색은 백색을, 어두운색에 흑색을 섞어가면서 적색, 청색, 녹색으로 원하는 색을 얻어야 했다. 그러니까 스테인으로 지정한 적갈색을 수성 페인트로 모사해 내야 했다.

기성 컬러 코드로 뽑은 네 통의 적갈색은 모두 색이 달랐다(샘플을 결국 네 통이나 샀다). 나는 거기에 흑색을 조금씩 첨가하면서 색을 내보기로 했다. 쉬운 일이 아녔다. 고량주관 창고 바닥에 앉아 페인트 통을 열고 흑색 착색제를

1g, 2g씩 넣었고 말이 넣는다이지 종이컵으로 페인트를 퍼서 한 방울씩 떨어뜨리면서 밀리그램으로 무게를 맞추고, 거기에 다른 종이컵으로 적갈색 페인트를 퍼서 20g, 40g씩 넣어보고 그것을 현장에서 주워온 나뭇조각에 바르는 것이었다.

열악한 환경에서 한 번의 과정에도 당연히 페인트 범벅이었고 이걸 20:1, 40:1, 100:1, 200:1, 400:1 그리고 그런 것을 네 통의 적갈색에서 모두 해야 했다. 종이컵은 낭비됐고, 그렇게 한 번 바르고 폐기하는 페인트 잔뜩 담은 종이컵도 늘었고, 고량주관도 영업을 해야 하니 어느 정도 하다 빠져야 했고, 어떻게 만들어도 우육면관의 적갈색과는 색이 달랐으며, 시간이 지날수록 색이 어두워지는 외부용 수성 페인트의 성질도 그때는 모르고 있었다. (반대로 내부용 수성은 색이 밝아진다고 한다.)

착색제를 한 방울씩 넣어도 색이 많이 어두워졌다. 한 평 남짓 창고 바닥에 앉아 온몸에 페인트를 묻혀 가며 그것을 오후까지 내내 했다. 결과는 KKC RM0514를 흑색 착색제와 400:1 정도 배합하니 95% 우관 적갈색과 흡사했다. 나중에 설계팀에서 말하길 이 작업은 현장 반장님이 적녹청색을 진짜 한 방울씩 넣어가며 조색한다고 한다. 그걸 왜 나한테 맡긴 거지? 그걸 아무것도 모르는 일

반인인 내가 혼자 했던 것이다. 나는 홍 관장님께 "왜 이런 것도 제가 해야 하는지" 또 한 번 푸념을 늘어놓았다. 나중에 쓸모가 있을 줄 모르나 현재로선 전혀 납득이 되지 않았다.

그리고 다음날 어제 조색해 거의 같았던 400:1 배합의 색깔은 해가 쨍쨍 뜨는 날 보니 전혀 색이 맞지 않았다. 기이했다. 샘플은 시간의 경과에 따라 살짝 더 어두워졌고 해 뜰 날 맞이한 1호점의 적갈색은 좀 더 강한 주황색을 띠며 완전히 색이 달랐다. 분명 어제 찍은 사진에서는 색이 같은데. 한 마디로 모든 걸 폐기하고 다시 만들어야 했다.

현장 페인트 반장님이 직접 조색을 해보셨다. 그래도 1호점 적갈색이 나오지 않았다.

"가까운 페인트 가게 가셔서 철황색 착색제 좀 사다 주세요." 나오지 않았다.

"죄송한데 적색 페인트 한 통만 사다 주세요." 그래도 나오지 않았다.

이 어려운 걸 어제 내가 어두운 날씨에서 맞췄다는 것 자체가 기이한 우연이었다.

나는 0.5L 착색제 하나를 살 때도, 4L 적색 페인트를 살 때도 일일이 빠른 걸음으로 땡볕을 넘어 을지로까지 걸어갔다 와야 했다. 20분 거리, 왕복 40분의 거리를 빠른 걸음으로 페인트 통을 들고 다섯 번이나 오갔다. 중간에 소나비가 내려 비를 맞기도 했다. 양손에 페인트 통을 들고 가는 나는 마음 같아선 그만두고 싶었다. 더 이상 여기 일을 도와주고 싶지도 않았다. 날 도와주는 사람은 아무도 없는데 내가 왜?

이렇게 하나도 모르는 사람들과 내 몸만 때워가며 일한다는 것 자체가 불합리해 보였다. 결국 아무리 페인트 통을 날라도 현장 반장님도 색을 맞추지 못했고, 사진을 가지고 페인트 업체에 가서 미세 조정하고 여러 컬러북을 뒤지고 또 그렇게 나온 결과에 황색을 미세 추가해 조색을 하니 조금 닮았다.

후두둑 비를 맞으며 페인트 두 통을 들고 현장을 갔고 그것은 꽤나 흡사한 주홍기를 띄는 적갈색이 됐다. 흑색 착색제를 섞으며 어둡게 조색을 하던 중 다소 어두워져서 페인트 가게를 또 한 번 갔다 와야 했다. 신발에도 페인트가 죽 묻었다. 나는 그 신발을 버렸다.

페인트 일은 그렇게 끝났다. 사이사이 할 일도 많고, 설계팀에선 조명 두 개를 구매하는 것, 간판 발주하는 것(그것도 잘못 알려줬다), 관장님은 전골판 사는 것을 요청했고 나는 한 손에 페인트를 들고 한 손에는 휴대폰을 들고 업무를 처리했다. 중간에 가구 회사에서 보낸 대단히 무거운 무늬목 합판이 도착해 그것을 현장으로 나르기도 했다. 내가 이렇게 고생한 것을 아는 사람은 없었다. 그저 멀리서 "고생 많다"고 얘기만 했다.

나를 이런 상황에 넣은 것은 내가 믿는 것을 반대로 살아 보는 내 성향 때문이었다. 아편쟁이가 아편에서 반대해 보려는 시도처럼 나는 내 신념을 반대해 사람들이 사는 곳으로 올라와 봤다. 니퍼와 스크래퍼가 굴러다니는 이곳은 함부로 침을 툭툭 뱉고 깡마른 다리로 하루 열두 시간씩 일하는 사람들이 살고 있었다. 나는 여기를 지배하는 근본 기조를 알고 싶었는데, 그것은 모로 보나 깜짝 놀랄 만큼 단순하고 인간적이었다. 그 기조는 신성불가침이 된 정치 경제적 번영으로, 그것을 부정도 방관도 못하는 사람들이 사람 사는 모습을 일구며 살고 있었던 것이다. 땡볕을 심하게 쐰 사람들이 송골 땀을 흘렸다. 나도 다르지 않았다.

우리는 무엇을 위해……? 낮게는 궁핍에서 벗어나기 위해, 중간은 채무를 청산하기 위해, 높게는 번영을 위해, 더 높게는 힘과 부를 얻기 위해. 또한 내가 그것을 얻은 자라는 사실을 나 자신에게 알리기 위해, 그리고 또 내 가족을 먹여 살리기 위해. 이런 기조는 니퍼로 뽑을 수도 없는 것이어서 유령처럼 우리의 뇌간 깊숙이 박혀 있었다. 나도 그렇지 않은가? 당연히 나도 그랬다.

집을 나가다 버스 창밖 멀리서 우연히 발견한, 나를 의식하지 못한 거리에서의 아내는 내게 심란한 감정을 주며 "너는 이 삶을 받아들여야 한다"고 말했다. 정치 경제적 번영의 삶을 말이다. 나는 그 기조의 목소리를 육성으로 들을 수 있었다.

사진도 보여주고 설명도 정확히 드렸는데 앞서 공기(工期; 공사기일)를 듣고 "다음 주 금요일이요." 마음이 급해진 효식 대표님은 창살 모양 띠를 둘러야 하는 곳에 목재 한 판을 데고 띠 모양으로 홈을 파 놓으셨다. 설계팀에선 그것이 잘못됐다며 떼고 다시 할 수 없느냐고 했을 때 효식 대표님은 크게 화를 내셨고 자기도 지금 다 놓고 나가고 싶은 심정이라고 했다. 설계팀에서는 효식 대표님이 너무 화를 많이 내시는 바람에 이야기를 마무리 짓지 못하고 왔다고 했고 "무서워서 내일 현장을 못 가시겠데요."라고 했다.

나는 관장님께 띠를 두르는 것과 지금처럼 띠 모양으로 홈을 판 것을 두고 무엇이 나으시냐고 물으니 도면대로 띠를 둘러 입체감을 주는 게 1, 2호점과 통일성이 있어 맞다고 하셨다. 나도 동의했다. 그래서 나는 효식 대표님께 다 떼고 도면대로 해야겠다고 했다. 효식 대표님은 못 뗀다고 했다. 그럴 줄 알아 "제가 떼겠습니다."고 했다. 그리고 카톡 방에는 "떼고 다시 하기로 했습니다"라고 했다.

목공 본드와 타카로 박은 목판은 틈 사이에 스크래퍼를 넣고 장도리를 껴 넣어 뜯어내야 했다. 목공 본드는 강력했다. 열여덟 장을 떼어내는 데 세 시간이 걸렸고 목장갑을 벗었을 때는 살껍질이 벗겨져 있었다. 이 떼어내는 일은 그래도 내가 하는 것이 맞다고 판단했다. 효식 대표님은 이걸 할 시간도 없었고 하기에는 힘도 많이 들었다.

이 상황은 관장님들과도 마찬가지였다. 3호점 시공 감리 일은 관장님들도 할 시간이 없었고 힘도 많이 들었다. 물론 나는 처음에 관장님을 도와 보조를 하는 줄 알고, 아니면 최소 반반 나누어 하는 줄 알고 돕는다고 한 것이지만. 반면 목판 떼기는 내가 다 하는 줄 알고 한 것이었고 그래서 내가 다 했다.

효식 대표님은 옆에서 투덜거리거나 가끔 욕을 하거나 또 조리하는 요리사처럼 혼자 레시피를 읊거나 "40에 20." 대부분 아무 말도 하지 않고 말없이 옆에서 띠를 만들어 부착하셨다. 우리는 함께 일하고 있다는 생각이 들었다.

9

POS, CCTV, 인터넷, 정수기까지 업체에 연락하고 일정을 잡고 견적을 받고 납기일이 얼마나 될지 확인했다. 간판 업체에서는 설계팀에서 설정한 크기가 후면에 LED를 매립하기에는 너무 작다고 해서 크기를 늘릴지, 조명을 다르게 쏠지, 다른 업체에 물어볼지, 자본을 들여 어떻게든 방법을 만들어 볼지 의사결정해야 했다.

의사결정해야 했다, 그것은 기다려야 한다는 뜻이었다. 거의 매번 이런 절차를 거쳐 적응은 됐으나 계속 중간에 있는 것은 여전히 스트레스였다.

두 달간의 이 경험은 참으로 값진 경험이면서 나의 많은 것을 앗아가기도 했다. 업장을 오픈하는 과정을 전담해 보는 경험은 무료 체험 학습이기도 했고, 무엇이 그들에게 시름을 낳는지 내 얼굴에 그것을 낳아봄으로써 나는 영원히 돌아오지 못할 내 본래의 얼굴을 잃었다.

이것을 토대로 의사결정권을 갖고 나만의 사업을 더 꼼꼼하고 견고하게 꾸려나갈 수 있다는 가능성도 생겼다. 그러나 그런 가능성을 실천하기에 앞서 이러한 행위의 방향성이 어디를 향하고 있는지 따져 보면 사업의 방향성은 나와 맞지 않았다.

어찌 보면 패배한 공산 국가 같은 침울하고 어두운 것을 바라보고 있는 줄도 모르겠는 나는 우리의 욕심이 얼마나 많은 것을 파괴하고 얼마나 많은 폐기물을 만드는지 직접 목도하면서 이쪽에서의 일에 적극적으로 가담하고 싶지 않다는 생각이 들었다.

그런 것은 없을까? 적은 것이 승리하는 것 말이다. 적은 품과 적은 자원을 들인 것이 많은 품과 많은 자원을 들인 것에 승리하는 것 말이다. 비실한 것이 승리하는 것 말이다. 소비는 적은 것에 이뤄짐으로써 많은 것을 이기는 것 말이다. 그래서 사회는 더 적은 자원을 소비하는 것 말이다. 그러나 충분한 매력과 합당성을 잃지 않은 것을 말이다.

주말, 아침, 저녁 할 것 없이 여기저기서 연락왔다. 이번 주 평일에는 99통의 전화를 했다(그다음 주 이틀 동안은 80통을 했다). 일요일 아침에도 유크리트 시공업체에서 작업을 야간(이쪽에서 야간은 오후 6시 이후를 말한다)에 해도 되겠냐고 했다. 좋았다. 그러면 변경된 일정을 관련 사람들에게 뿌려야 했다. 다들 쉬고 있을 일요일이니 나는 잠시 기다렸다. 몇 시간 뒤 유크리트 업체에서 다시 전화가 와서 오전 11시쯤 도 괜찮냐고 했다. 괜찮았다. 그 사이 일정을 안 뿌리길 잘했다. 항상 이런 식의 뒤죽박죽이었다.

공사 6주 차에 마무리하는 것이 계획이었지만 어떻게 될지는 아무도 몰랐다. 효식 대표님은 쉼 없이 일하셨지만 적은 인력 탓에 진도는 지지부진이었다. 고정적으로 인력이 3으로 맞춰졌다면 5주 차에 끝났을 수도 있었다.

일이 너무 많아 나의 휴대폰은 폭주였고 업무 전화만 한 주에 백 통씩이 기본이었다. 본래 통신비로 1만 원, 하루 평균 핸드폰 15분을 쓰던 나는 이번 달 평균 사용량 3시간 15분에 통신비만 5만 원을 예상했다.

KT 직원과 인터넷을 논의하고 가구 업체와 의자를, 캡스와 CCTV를, 세스코와 방충 방제를 택배 업체와 세금계산서 발행을, 유크리트 업체와 시공 일정을 중간에서 조정하는데 설계팀에서 현장에서 감리를 하라고 하고 또 다른 업체, 또 다른 얘기, 또 다른 전화에, 또 다른 잡다한 작은 구매 요청까지 여러 가지 일이 내 정신을 앗아가서 현장에서 본래 확인하려던 했던 것을 잊어버리기도 했다.

고량주관 홀을 혼자 보는 것과 같았다. 우육면관 홀을 혼자 보는 것과도 같았다. 1번 테이블 하이볼도 만들어야 하고, 음식 서빙도 해야 하고, 3번 방 주문도 받아야 하고, 4번 방 술 설명도 나가야 하고, 5번 방 다음 술도 나가야 하고, 6번 방 술 추천도 해야 하고 바 테이블에 새로 오신 손님의 매장 안내도 해야 하는 딱 그 정도의 업무 압박감을 항상 짊어지고 있었다.

나만 급하고 다른 사람들은 비교적 느긋해 보였다.

공기를 맞추려면 한 시가 급한데 설계팀은 몇 센치 가지고 아직도 논쟁 중이었고, 나는 여기가 식당인지 거대한 백화점 상품 디자인인지 이해가 가지 않았다. 식당은 모든 게 견고해야 오래가는 법이고 모든 게 단단해야 안전사고가 없는 것인데 비교적 이용객 수가 적은 파인 다이닝도 아니고 하루 수 백 명이 오가면서 안정성은 빠른 속도로 도전받을 것이었다.

나는 나에게 맞지 않는 생활 패턴으로 잠을 이루지 못했다. 거의 두 달째였고 한계에 다다르고 있었다. 보통 잠에 들면 두세 시간 후에 깨서 뜬 눈으로 밤을 지새웠다. 매일 이 그런 건 아니지만 반이 그랬다. 잠에 대해서는 살면서 항상 문제를 갖고 있었다.

잡념과 번뇌로 채워진 밤을 보내고 이른 새벽에 출근을 했다. 나는 관장님께 십 분만 이야기할 수 있느냐고 물었다. 여러 가지 업무 얘기부터 먼저 마치고 불면에 관한 이야기를 하고자 했다. 그런데 업무 이야기를 하는 말미에 팔월 둘째 주에 청계천점 보수공사를 하는데 이틀간의 추가적인 감리를 요청을 하셨다.

"안 그래도 저도 같은 얘기를 말씀드리려고 뵙자고 했습니다. 제가 이런 생활로는 잠을 잘 못 자서 지금 거의 한계에 다다랐다고 말씀드리려고, SOS 요청을 드리려고 오늘 뵙자고 했습니다.

작년 고점 벤치마킹 다닐 때 시흥쓰에서 넌지시 말씀드

렸었는데 태어나서 꿈을 안 꾼 날이 없고, 글을 쓰는 건 잠을 자기 위한 것도 있다고⋯⋯."

나는 내 불면에 대해 털어놓았다. 홍 관장님도 최근에 불면증을 겪었다고 하며 그게 얼마나 힘든 일인지 이해해주셨다. 나는 잠도 하나의 재능이라고 보는데 나는 잠에 대해 전혀 재능이 없었다. 자라온 환경과 관련 있을 것이다. 어렸을 적의 그것은 어떻게 해도 극복되지 않았고, 어린 시절 한밤중에 수도 없이 깨워졌던 불안한 나날들은 ("애새끼 깨워!") 나를 계속 뜬 눈으로 살게 했다.

두 달째 편히 못 자던 나는 정신 질환이 우려됨에 홍 관장님께 그것을 털어놓았다.

공사 마감은 다음 주 일요일까지였지만 이제 계획이란 걸 믿지 않는 나는 충분히 더 길어질 수도 있다고 생각했다. 업무든 뭐든 보다 그 시간 자체가 두려웠다.

밤엔 사람이 약해져서 잠이 들고나면 업무 압박 특히, 기간을 맞춘 적 없는 일정의 변화와 그에 따르는 도미노식 계획의 수정, 그에 따른 인적 심리적 비용이 깨어 있을 때 차분한 이성으로 충분히 대응 가능하던 것이 이성이 잠든 밤에는 근심 걱정으로 탈변해 나를 괴롭혔다. 참 이해하기 어렵고, 황당하고 변치 않는 성질이었다.

홍 관장님이 말했다.

"잠을 이렇게 못 잔다는 것은 전혀 생각하지 못했습니다. 두 가지 스트레스가 있다는 거지요. 한 가지는 이 일을 하면서 중간에서 역할하는 스트레스와 그와 별개로 잠을 못 자는 스트레스가 있는 것이고."

"네. 일은 그게 뭐든 차근차근 하나씩 하면 되는 건데. 잠은 제가 어떻게 할 수 없는 것이어서."

나는 해결 방안으로 아침에 온라인 상태로 있되 현장에는 10~11시에 나오는 것을 내놓았다.

"일이 있는 날은 일찍 나오고요."

관장님은 흔쾌히 그러라고 했지만 다음 날도, 그다음 날도 일찍 나오지 않는 날은 없어서 사실상 나는 그런 이야기만 나누고 그저 더 버티는 방법밖에 없었다. 살은 빠졌고 내 삶도 피폐해졌다.

10

우육의 완공을 앞두고 느낀 보람은 수긍하기 쉽지 않았다. 여기서 두 달간 소모된 자연의 자원을 두고 나는 거기에 그릇된 방향을 읽으면서도, 새로운 우육이 지어졌고 그에 기여했다는 점에서 뿌듯함을 느꼈는데 그것은 게걸스럽게 먹어치운 간짜장 한 그릇에 만족감을 느끼면서도 후회가 드는 모순과 닮아 있었다.

사람이 정답만을 살 순 없고 어쩌면 정답을 사는 게 가장 어려운 일이겠지만, 나는 다시는 이런 일에 내 손을 두고 싶지는 않았다. 시민이라면 중시민도, 대시민도, 특시민도 아닌 소시민으로 살고 싶었다.

  6주 차 목요일에 나는 전에 말한 대로 10시에서 11시 사이에 딱 하루만 늦게 출근할 수 있었다. 홍 관장님께 "지난주에 얘기했던" 오전에 시간을 조금 주면 나머지 공사를 마무리하는데 큰 도움이 될 것 같다고 했고, 관장님은 흔쾌히 본인이 나온다고 하셔서 대인배란 생각이 들었다.

  6시에 일어나 제일 먼저 문을 여는 카페에서 2시간 정도 내 시간을 가질 수 있었다. 현장에 관장님도 나와 계시니 든든했다. 그간의 일을 정리하고 대체 내가 어디서 어떤 일을 하고 있으며 앞으로 무엇을 해야 하는지 정리했다. 관장님이 현장을 맡아주신 이 시간은 정말 큰 도움이 됐고 그래도 아홉 시 반에 현장에 나갔다.

  어느 날 전업사 명진전기 사장님은 나를 붙잡아 두고 박카스 하나 먹고 가라며 강권했다.

  "안타까워서 그래."

  "사람들이 현장에 기다리고 있어서요."

  "그러다 골병 나는 거야. 쉴 수 있을 때 쉬어야 해. 이 일 끝나고 쉬어야지 그러지? 이 일 끝나면 또 다른 일이 기다리고 있어. 일은 직선 상에 쉬지 않고 있어. 자네가 5분 늦는다고 현장에 큰 일 일어나지 않아. 그러니까 쉴 수 있을 때 쉬고 가."

나는 다음 날에도 전업사에 가야 했다.

"계획대로 되는 게 하나도 없네요."

"되는 일? 하하. 원래 그런 거야. 일이 열 개 있으면 열에 아홉은 생각대로 안돼. 원래 그런 거야."

칠십이 넘으신 전업사 사장님의 조언은 큰 도움이 됐다. 사장님이 젊으셨던 그 옛날에도 일의 성격은 똑같았던 것이다. 모든 일은 돌발 상황과 예기치 않은 변수로 가득 차 있었다.

사장님은 "인생 별 거 없어."라며 나의 현재와 본인의 과거가 그리 다르지 않을 거라고 하셨다. 을지로의 모든 분들이 그랬을 거란 생각에 위안이 됐다.

토요일에 유리창이 달리니 진짜 그럴듯했다. 정식 매장이 된 느낌이었다. 그리고 중앙 바 테이블도 설치했는데 도면에서 봤던 것보다 실제론 크게 느껴졌다. 테이블 사이즈는 고객에게 넉넉히 주자고 좀 넉넉히 만들었다. 물론 나는 그런 사이즈까지 가야 하는가 하는 생각을 애초부터 갖고 있었지만, 내가 설정한 테이블 사이즈 보다 최종 사이즈는 모두 50-100mm씩 늘었다.

중앙 테이블은 다소 크고 통로는 좁지만 나는 그래도 이 것을 사용할 것으로 예상했다.

일요일에 나는 쉬고 홍 관장님이 나왔고, 관장님은 테이블이 너무 크다고 했고, 통로가 300mm밖에 나오지 않아서 바 테이블을 날려 버리고 아예 테이블을 새로 제작하기로 결정했다.

기본적으로 설계팀에서 측정한 도면의 치수가 맞지 않았다. 나는 즉시 관장님께 전화를 걸어 바 테이블이 2층으로 올라가고 2층 테이블들이 내려오는 것은 어떻냐는 제안을 했지만, 통로 확보를 위해 테이블을 사이즈에 맞춰 새로 제작하시겠다고 했다. 막판에 예기치 못한 비용이 들어버렸다.

공사는 7주 차 수요일까지 진행됐다. 나는 이제 다음과 같은 사실에 익숙해져 있었다. *어떤 일도 계획대로 되지 않는다.* 온수를 연결했더니 주방 바닥에서 물이 샜다. 중간 어디에 온수 배관이 터져 있던 것이다. 그래서 가스보일러에서 배수를 새로 따 천장으로 돌려야 했다. 콘센트선을 비노출로 하기 위해 다리에 전깃줄을 매입했더니 전원에 콘센트 헤드가 닿지 않았다. 테이블 배치가 틀어졌다. 디자인의 이유로 정중앙에 단 인덕션 컨트롤러는 직원이 조작하기에 손이 닿지 않았다. 손님 가운데로 들어가 조정하거나 손님에게 부탁을 해야 하는 상황이 됐다.

수요일에는 별관에서 근무할 진중식품 직원들이 출근해 운영 정리를 했다. 천장까지 쌓인 택배 상자를 개봉했다. 매일 혼자 날랐던 택배 상자는 꺼내보니 정말정말 많았다. 나 혼자 이걸 다 어떻게 옮겼던 걸까.

아침 9시에 나와 저녁 9시까지 같이 상자도 까고, 문 손잡이도 달고, 스피커 연결도 했다. 스피커 선을 연결했더니 선 하나가 작동하지 않았다. 방법을 찾아봐도 되지 않았다.

한 달 반 동안 이어진 공사로 나는 좀 지쳐 있었다.

"인교님은 이제 들어가세요." 홍 관장님이 말했다.

"저 내일 쉴 수 있는 거죠?"

"예. 인교님은 오늘까지 하고 딱 끝입니다."

"그럼 관장님 같이 1, 2층 한 번 돌면서 얘기하실까요?"

나는 관장님께 전달 못 한 사항이 있을지 하나씩 짚으면서 한 바퀴를 돌아봤다. 그리고 정말 나왔다. 직원분들은 여전히 바삐 움직이셨다(단톡방을 보니 새벽까지 세팅을 하셨다).

효식 대표님과도 마지막 인사를 했다.

"언젠간 뵙겠죠?"

"고생 많았어. 쇠주 먹고 싶으면 연락해. 가 봐!"

정말 끝난 건지 모르겠다. 아무런 감흥도 들지 않았다. 정말 힘들었는데 보람도 후련함도 없었다. 내가 이걸 짓는 데 일조했다는 공헌의 감정도 없었다. 나는 그저 남은 분들이 나머지 일을 잘 마무리할 수 있을지 걱정만 됐다. 공사 중과 똑같았다.

이전 생활로 돌아갈 수 있을까? 우육면관 3호점, 진중 우육면관 별관의 시공 감리를 마친 나는 바위에서 몸을 오므려 다른 바위로 점프뛰는 문어처럼 잘 살던 집에서 나가라는 시당국의 퇴거 명령을 받은 어머니의 문제로 뛰어들었다.

11

새 매장을 여는 경험을 종합해 보고 싶다. *사람이 할 수 없는 일은 없다.* 효식 대표님의 주장이기도 했다.

기존 폴딩도어 철거처럼 일이 무겁거나, 새로운 폴딩도어 제작처럼 일이 너무 세세해도 사람은 비용만 들이면 어떤 일도 해낼 수 있었다. 벽을 제거하거나 새로 벽을 세우는 것, 또는 주방 천장을 덮고 있는 주방 후드를 제거하는 일이 불가능하지 않다는 걸 배웠다. 차근차근 사람이 붙어서 하면 못할 것도 없었다.

여기서 언급하지 않은 내가 흘린 땀방울은 주방 바닥 전체를 채울 만큼은 족히 됐다. 나는 매일 시작부터 땀범벅이었고 집에 가면서는 너무 많은 땀에 지하철에서 사람들을 피해 다녔다.

덥기도 더웠던 여름, 에어컨이 고장 난 시점부터 근로자 모두가 제대로 땀을 흘렸다.

"더워서 어떻게?" 옆집 사장님.

"그래도 해야죠." 효식 대표님.

악취가 진동하던 주방 바닥에서 가스 설치 기사님은 그 냄새가 바닥을 넘실대는 공간에서 바닥에 얼굴을 붙이고 가스 배관을 설치하셨고, 냄새 이야기는 한마디도 하지 않으셨단 것도 말하고 싶다. 보통 업체와는 후려쳐질 가능성이나 사기당할 가능성에 묘한 긴장감이 흐르는데 나는 대부분 자기 본분을 다하시는 모습을 봤다. 운이 좋았다고 할 수 있었다.

딱 한 분 효식 대표님이 일손이 부족해 급하게 데리고 온 분홍 티셔츠 한 분만 빼고!

홍 관장님은 도울 수 있는 상황이면 바쁜데도 불구하고 적극적으로 몸을 사용해 도와주셨다. 그런 태도가 대단한 것은 물론 이번 일을 계기로 관장님은 확실히 인물이고 동년배지만 나보다 낫다는 결론이었다. 일을 대하는 태도나 조직원을 리딩하는 면에서, 또 어떻게 보면 지치지 않는 체력 면에서도 나보다 월등했고 특히 사람을 대하는 태도에서는 흔들림 없는 진중함으로 무게 있게 소통하시는 데 뛰어나셨다. 결코 성을 내는 법도 없었는데 나는 그것을 중요한 덕목으로 여긴다.

내 결함이 나 스스로에게 밝게 밝혀지는 기회이기도 했다. 나는 거의 대부분의 시간을 혼자 보내며 또 그에 합당한 성격을 가지고 있어서 사람들과 소통하는 것은 다만 일 때문이지 역시 한계가 있었다. 여러 사람을 만나고 또 여러 일정을 소화하면서 판단은 충분한 정보 관계 없이 급하게 이뤄졌고, 말이 꼬이거나 말을 혼자 하거나 또렷하게 정보 전달하지 못하는 퇴화된 혀가 특히 눈에 띄었다. 나는 어디에서건 리더로는 분수에 맞지 않는다고 생각해 왔다.

내가 잘하는 건 맡은 바를 신중하고 효과적으로 수행하는 1인 업무와 솔선수범으로 사회 내에 그런 문화를 만들어내는 것이었다. 효식 대표님은 시공을 잘했고 관장님은 사업을 잘했는데 나는 무엇을 잘하는지, 나도 내가 잘하는 걸 하고 싶었다. 나는 지당하게도 혼자 있는 것을 잘했다. 나는 계속 혼자 있는 것을 하고 싶었지만 삶은 나를 놓아주지 않았다.

효식 대표님의 인생 역정도 빼놓을 수 없다. 대표님은

"산다는 게 정말 쉽지 않다."고 진심을 담아 얘기하셨다. 그간 있었던 고초를 들어보니 감히 그것을 살아볼 엄두가 안 났다. 극복하려는 의지도 대단하고 인생이란 게 전함 같은 무게로 인간을 짓누르기도 한다고 느꼈다. 특히 돈 문제는 사람의 피를 말리고 사람을 끝으로 몰아넣고 사람에게 살기를 불어넣는데 나는 그런 사람을 몇 봤었고 궁지에의 몰림이 내면에서 살기로 변화한다는 공통점을 보였다.

나는 내가 사는 방식에서 벗어난 공사 기간 동안 미래에 궁극적으로 어떤 자세로 살아가야 하는 것인지 고민했다. 나는 왜 이 일을 하고 있을까? 나는 어떤 일을 해야 할까? 큰 스트레스를 받으며 잠을 못 자는 현대의 과업은 또 무엇을 위해서인가?

나는 지혜에게 말했다.

"결국 내가 행복해야 해. 내가 행복해야 지혜도 행복할 수 있는 거야. 내가 행복하기 위해 일해야 해. 일을 하는 것도 내가 행복하기 위해서야. 지혜에게 누를 끼치지 않는 게 행복한 거니까. 내가 행복할 수 없다면 하지 않는 게 맞아."

나는 공사 기간 동안 집에서 한숨을 많이도 쉬었다. 아내에게 미안했다. 일이 되지 않아서도 있겠지만 그보다 현장의 물리적, 화학적 먼지 분말이 생리적으로 폐를 막아 숨 쉬는 것 자체가 갑갑했다. 한숨은 아내에게도 부정적인 영향을 미쳤다. 거꾸로 내가 행복해서 긍정적인 숨을 내뱉으면 아내에게도 그런 영향을 미치지 않겠나? 나는 내가 행복한 일을 하며 살아야겠다.

우육인간

2025년 9월 30일 초판 1쇄 발행

지은이 | 정인교
발행처 | **名金堂**
이메일 | namegoldhall@gmail.com
출판등록 2025년 1월 23일 제2025-000005호

Copyright ⓒ 2025 by **名金堂**
값 15,000원
ISBN 979-11-991305-7-9 02810

이 책은 저작권법에 의해 한국 내에서 보호를 받는 저작물이므로 무단 전재
와 복제를 금합니다.